우분투 수입

Why
왜 우분투인가?

What
무엇을 얻는가?

How
어떻게 하는가?

이 물음에 답하다

미래를 바라보는 새로운 눈 眼

우분투 수입

김종규 지음

모아북스
MOABOOKS

우리가 있어야 나도 있다
I am because we are

위기(危機)는 '위험(危險) 안에 기회(機會)가 감추어져 있다' 라는 뜻이다. 요즘 2030세대가 위기라고 한다. '7포 세대' 라 불리는 그들은 연애, 결혼, 출산, 내 집, 희망직업, 꿈 그리고 인간관계를 아예 포기하고 살아야 한다. 연애를 하지 않으니 화장이나 옷에도 관심이 없다. 이것저것 포기하다 가끔 목숨까지 포기해야 하는 그들을 'N포 세대' 라고도 지칭한다.

그러나 그들에게도 아직 희망이 있다. 7포 세대뿐만 아니라 누구라도 돈을 벌 수 있다. 돈이 있으면 연애도 결혼도 출산도 내 집도 희망직업도 꿈도 인간관계도 포기할 필요가 없다.

IMF 때 강남의 돈 많은 부자들은 건배사가 "이대로"였다고 한다. 다른 사람들에게는 위기였지만 돈이 많은 그들은 은행 이자가 상승하고 빌딩 가격도 하락하는 바람에 현금으로 더 싸게 더 많은 기회를 잡을 수 있었기 때문이다. 위기는 언제나 누군 가에게는 기회다. 만약 당신이 2030세대라면 2030세대의 위기 라는 바로 이 시기가 당신에게는 기회일 수가 있다. 2030대의 강점은 기성세대와 시간 싸움에서 유리하다. 즉 더 많은 미래의 시간을 소유하고 있다는 점이다. 이 많은 시간을 2030대인 당신 이 좀 더 현명하게 미래를 준비하고 노력을 한다면 모든 것을 다 성취한 미래에 성공자가 될 수 있기 때문이다.

이 책은 그 대안을 제시하고자 한다. 학교나 직장 선배들이 알 지 못하고 경험하지 못해서 알려줄 수 없는 내용들이다. 부디 현실이 힘들고 어렵더라도 네트워크 비즈니스에 도전하고 또 도전하여 멋지고 행복한 미래를 맞이하기 바란다.

당신은 당신이 만들어가는 인생 드라마에서 최고의 주인공이 될 수 있다. 이 비즈니스가 당신의 미래를 재정적 안정으로 이 끌어줄 것이다.

네트워크 비즈니스는 우분투 정신이 기초다. 당신이 행복할 때 우리 모두 더불어 행복한 세상이 만들어진다는 것, 이것이 바로 우분투 정신이다(A person is a person through other person). 급변하는 현실에서 당신이 우리와 함께 우분투 정신을 기본으로 더불어 행복해지는 원리를 공유하고 성취되길 빈다.

나는 공학박사이지만 박사 타이틀을 이용하여 평생수입을 구축하지 못했다. 나도 대학이나 직장에서 배우지 못했던 네트워크 비즈니스를 우연히 미국인 후배를 통해 접하게 되었다. 이제는 자녀들에게 상속이 되는 큰 사업으로 평생수입 시스템을 이루었다.

25년의 긴 세월 속에서 얻은 값진 노하우와 결과들을 고스란히 이 책에 다 수록했다. 이 책을 읽는 독자는 누구나 다 성공할 수 있다. 저자가 이 비즈니스로 성공하여 여유로운 삶을 누리듯 여러분들도 행복하고 여유로운 삶을 이루길 간절히 바라는 마음이다. 객관적으로 평정심을 갖고 이 책을 읽어 내려가기 바란다. 이 책을 읽고, 당신과 당신의 가족에게 영원히 나오는 평생수입을 구축하여 즐겁고 행복한 가정을 이루기 바란다.

네트워크 비즈니스는 100세 시대에 평생 수입을 보장해준다. 왜냐면 프로슈머의 개념으로 생산자와 소비자가 직거래를 함으로써 기존 유통비를 줄일 수 있기 때문이다. 소비자는 제품의 우수성을 이웃들에게 이야기하면 된다. 네트워크 비즈니스는 회사가 절약된 유통비와 광고비를 소비자에게 현금으로 돌려주는, 즉 생산자와 소비자 모두가 이익을 공유하는 새로운 개념의 유통이다. 가격 대비 성능비가 높은 우수한 품질을 바탕으로 소비자의 다양한 니즈를 이용한 비즈니스이기도 하다. 따라서 누구에게나 최고의 비즈니스라고 저자는 생각한다. 그럼에도 불구하고 아직도 많은 사람들이 세일하는 일 또는 피라미드 사업 정도로 부정적으로 생각하는 사람들이 많다. 네트워크 비즈니스를 어느 정도 이해하는 사람 중에도 관망만 하거나 '나는 할 수 없다' 라고 생각하는 사람들이 있다.

변화를 두려워하며 고정적인 프레임에서 살다 보면 미래의 기회를 잡지 못할 수도 있다. 개인의 잘못된 판단은 가족들에게도 100퍼센트 영향을 끼친다. 나의 자녀들은 네트워크 비즈니스를 배우면서 한 발 한 발 성취해나가고 있다. 만약 내가 잘못된 판단으로 처음 기회가 왔을 때 그 기회를 무시하고 지금까지 외면만 하고 있었다면 자녀들조차 이 기회를 놓쳤을 것이다.

나의 인생은 대학원을 졸업하고 미국에 유학을 다녀오고 대기업에서 책임자로 일을 할 때 변화한 것이 아니다. 우연한 기회에 미국 워싱턴대학교 후배인 '스티브' 가 전해준 이 네트워크 비즈니스가 과거의 가난 패턴에서 부자 패턴으로 방향을 바꿔 주었고, 그 결과 나와 가족의 현재와 미래의 경제적 안정이 보장된 것이다.

이 책을 읽은 후에는 이 책을 추천했거나 빌려주신 분에게 감사의 마음으로 꼭 점심을 사기를 바란다. 그리고 그 다음 이야기를 경청하고 배우기를 간곡히 추천한다.

"당신의 인생에서 점심 한 끼의 시간을 꼭 투자하기 바란다."

한 끼의 식사 시간이 수십 년 동안 학교에서 보낸 시간보다 당신의 운명을 더 멋지게 바꿔줄 것이다. 한 끼의 식사자리는 당신의 삶을 지금보다 풍요롭고 여유롭게 만드는 최고의 기회가 될 것을 확신한다. 식사 시간을 내지 못한다면 당신은 확언컨대 몇 년 후에 땅을 치고 후회할 것이다.

김종규 공학박사

들어가는 글

우리가 있어야 나도 있다   I am because we are   06

01   **장수시대의 가난 패턴**

1. Try or Cry : 도전할 것인가, 절망할 것인가?   17

2. 월급이 실질물가를 앞지르지 못한다   20

3. 월급만 믿고 열심히 산 30대는 50대가 돼서 잘못된 길이었다는

   것을 알게 된다   23

4. 다수를 부자로 만들어주는 것은 사우디 오일 밖에 없다   26

5. 누가 나와 내 가족의 미래를 책임질 것인가?   28

6. 남자는 노년을 조심해야 한다   31

7. 여자도 노년을 조심해야 한다   32

8. 취업기간은 너무 짧고 예상 수명 기간은 너무 길다   33

9. 꿈꾸는 은퇴, 그러나 우리의 현실은 다르다   35

02 시간은 유한하다

1. 학벌은 시간을 빼앗아간다   40
2. 돈을 벌려 하지 말고 지혜를 배워라   44
3. 무엇이든 빨리 시작하라   46
4. 한 사람이 아니라 그 인생이 온다   49
5. 실행하는 순서를 부자에게 배워라   51

03 누구에게 배울 것인가?

1. 지식의 기초는 학교에서 배워라   55
2. 성공의 기초는 성공한 사람에게 배워라   56
3. 부자에게 점심을 사라   59
4. 실패에서 성공을 배워라   60
5. 생필품으로 평생수입을 만들어라   63

04 4차 산업혁명이 시작되었다

1. 1차, 2차, 3차 산업혁명은 과거다   67
2. 4차 산업혁명은 현재다   69
3. 710만 개 이상의 기존 일자리가 곧 사라진다   71
4. 강 하구에 살고 있는 원시부족들의 최후에서 배워라   74
5. 결과가 마음에 들지 않으면 방법과 수단을 바꿔라   75

6. 직장 선배의 가르침을 오래 따르지는 마라   77

05 무조건 실행이 답은 아니다.
먼저 옳은 방향을 찾아라

1. 옳은 방향이란 무엇인가?   80

2. 네트워크 비즈니스는 가난 플랜에서 부자 플랜으로
올라가는 사다리다   81

3. 장수시대의 옳은 방향은 평생수입을 구축해놓는 것이다   84

4. 네트워크 비즈니스는 당신의 평생수입을 구축해주는
아바타 수입이다   87

5. 기회는 뒷머리가 대머리이다   88

06 네트워크 비즈니스는 누구나 할 수 있다

1. 무자본으로 자영사업을 할 수 있다   93

2. 특별한 자격이나 학력이 필요 없고 무경험자도 할 수 있다   94

3. 가족 사업으로 할 수 있다   94

4. 상속이 된다   95

5. 부업으로 시작할 수 있다   96

6. 용돈 정도로 시작하여 직장 월급 몇 배의 평생수입이 가능하다   97

7. 배경이나 인맥이 필요없다   98

8. 회사가 회원을 모집하지 않는다   98

9. 세계적으로 인적 네트워크를 구축할 수 있다   99

10. 네트워크가 구축된 후에는 병원에 입원해 있어도

    수입이 계속 나온다   100

11. 상사가 없다   101

07   성공한 리더들의 라이프스타일, 이제 당신 차례다

1. 머니 리치(Money Rich): 빚이 없고 경제적으로 자유로워진다   104

2. 타임 리치(Time Rich): 시간이 자유로워진다   105

3. 프렌드 리치(Friend Rich): 친구가 많아진다   106

4. 매년 해외여행의 기회가 있다   107

5. 명예를 얻게 된다   108

6. 리더십을 배우게 된다   109

7. 출퇴근이 없다   110

08   네트워크 비즈니스의 성공법칙

1. 잘 배워 시작한다   113

2. 성공 시스템에 익숙해질 때까지 잘 배운다   115

3. 성공한 사람과 동행하여 그를 모방한다   117

4. 실패를 경험하고 두려워하지 않는다   118

5. 할 일을 메모하고 즉시 실행한다   119

6. 목표를 정한다   120

7. 리더를 찾는 식견을 키운다   121

8. 리더를 양성한다   123

9. 소비자를 구축한다   124

10. 팀과 함께 있을 때 당신의 시간은 자유로워진다   127

11. 베푼다   131

12. 절대긍정으로 끝까지 도전한다   135

13. 네트워크 비즈니스에서 성공한 사람들의 책을 통해
   성공 노하우를 배운다   139

14. 시간의 가성비를 높인다   143

15. 사건이 아니라 올바른 반응을 배운다   145

16. 올바른 투자를 배운다   147

17. 성공한 사람들이 말하는 네트워크 비즈니스의 의미를
   반추 해본다   149

맺음말

네트워크 비즈니스는 아인슈타인의 상대성 원리와 같다   154

01 장수시대의 가난 패턴

처음에 새는 날개가 없었다. 새는 신을 찾아가 적으로부터 자신을 지키는 무기가 없다고 불평을 늘어놓았다.

"뱀은 독이 있고, 사자는 날카로운 이빨이 있으며, 말도 뒷발이 있습니다."

신은 새의 고충도 일리가 있다고 생각하고 날개를 주었다. 그러나 얼마 후 새는 날개를 등에 지고 되돌아와서 또다시 투덜거렸다.

"날개는 쓸모가 없고 무거운 짐만 될 뿐입니다. 날개를 몸에 달고 있기 때문에 전처럼 빨리 달릴 수가 없습니다."

그러자 신이 말했다.

"어리석은 새야, 네 몸에 있는 날개를 사용해 볼 생각은 하지 못했는가? 너에게 두 개의 날개를 준 것은 짊어지고 걸으라는 의미가 아니라, 날개를 이용하여 하늘 높이 날아서 위협을 피하라는 의미였다."

사람들은 자신이 능력이 없다고 생각한다. 그리고는 도전도 해보지 않은 채 미리 포기한다. 그러나 위 일화에 나온 새처럼 누구에게나 충분한 능력이 있음에도 그것을 제대로 사용하지 못하는 경우가 많다. 날개를 달고도 걷기만 하는 새에게 날개는 쓸모없는 짐일 뿐이다. 날개를 달았다면 저 높은 창공을 날아 기상을 높여야 한다.

1. Try or Cry: 도전할 것인가, 절망할 것인가?

여행을 떠난 두 사람이 먹을 것이 다 떨어져 낯선 집에 들어갔다. 주인은 보이지 않는데 배가 고파 죽을 지경이었다. 그때 높은 천장에 매달린 과일 바구니가 눈에 띄었다. 바구니에는 탐스럽고 맛있게 보이는 과일이 가득 담겨 있었다.

한 사람은 "배는 고프지만 과일이 너무 높은 곳에 매달려 있어 먹을 수 없겠군" 하고 포기했다.

다른 사람은 "아무리 높은 곳에 있어도 누군가 그곳에 매달아 놓았다면 나 또한 과일을 내려서 먹을 수 있을 거야"라고 말했다. 그는 집안 이곳저곳을 살펴 어두운 구석에 놓여 있는 사다리를 발견했다. 그는 사다리를 이용해서 과일을 내려 배불리 먹을 수 있었다.

　누군가가 네트워크 비즈니스로 10억을 벌어 부자가 되었다면 당신도 그가 했던 방법을 찾아 돈을 벌 수 있다. 누군가 백만장자가 되었다면 당신 또한 백만장자로 가는 사다리를 찾아 그곳에 가면 된다. 방법은 다 나와 있다. 네트워크 비즈니스의 성공 비밀은 '비밀이 없다' 는 것이다. 누구나 시작만 하면 아주 쉽게 성공하는 방법을 성공한 사람들로부터 언제나 배울 수 있다. 성공으로 향하는 사다리를 누구에게나 공개한다는 의미다.

　보통 사람들은 일을 시작할 때 어려운 일인지 쉬운 일인지를 보고 할지 말지를 판단한다. 그러나 성공한 사람들은 어렵고 쉬운 과정을 보는 대신 결과를 보고 시작한다.

　현대그룹 정주영 회장이 젊은 시절 어느 날, 서울시청에 자동차 수리비를 받으러 갔다. 그런데 돈을 받으려는 사람들이 많아 대기실에서 한참이나 기다려야 했다. 그러다 자기보다 젊은 사람이 자신이 청구할 자동차 수리비보다 수백 배 많은 돈을 청구하는 것을 보았다. 깜짝 놀란 정주영 회장은 그 사람에게 다가가 '무슨 일을 하는데 그렇게 많은 돈을 받아가느냐' 고 물었다. 그 사람은 건설과 토목이라고 대답했다. 정 회장은 그때까지 건설이나 토목을 한 번도 해보지 않았지만, 돌아간 즉시 현대건설 회사를 설립했다. 그 후 도전하고 또 도전하여 현재의 현대그룹의 발판을 만들었다고 한다.

나는 미국 워싱턴 주의 시애틀 시에 있는 워싱턴 대학에서 7년 동안 유학을 하고 한국에 귀국하여 쌍용자동차에 취직했다. 연구개발실에서 프로젝트 매니저(PM 부)를 하면서 우연히 부업으로 용돈을 벌려고 새로운 일을 시작했다. 당연히 투잡 개념이었다. 최우선은 회사 일이고 부업은 그 다음이었다. 그렇지만 둘 다 열심히 할 수밖에 없었다. 왜냐면 월급을 아내가 관리했기 때문이다. 아내로부터 용돈을 조금 타썼지만 항상 용돈이 부족했다. 부업 수입은 용돈으로 쓸 수 있는 나만의 돈이었기 때문에 둘 다 열심히 했던 것이다.

그런데 중간에 일이 생겼다. 퇴근 후에 부업을 한다고 꼭두새벽에 들어가는 날이 많아지고 주말에는 하루 종일 밖에서 부업 일을 하다 보니 아내가 부업을 하지 말라고 반대하기 시작했다. 말리는 정도가 너무 심해져서 점차 갈등의 골이 깊어졌다.

당시 나에게는 두 가지 길이 있었다. 하나는 부업으로 하는 네트워크 비즈니스를 그만두는 것이고 또 하나는 반대를 무시한 채 계속 부업을 하는 것이었다. 나는 두 번째 길을 선택했다. 즉, 부업을 계속하기로 했다. 지금은 반대하지만 결국 부업에서 수입이 많아지면 언젠가는 아내도 이해하고 좋아할 것이라고 생각했기 때문이다.

인생을 살다보면 이런저런 갈등의 순간이 올 때가 있다. 그때마다 나는 불변하는 진리에 기준을 두고 지속적으로 꾸준히 일을 하면 결국 좋은 결과를 얻게 되리라고 믿었다. 따라서 이 비즈니스를 하면서 일어나는 소소한 일에 대해 갑론을박 하지 않고 묵묵히 앞만 보고 일을 진행했다.

미국에 이런 말이 있다.

"독수리가 되고 싶으면 닭하고 싸우지 말라."

독수리는 용맹한 하늘의 왕이지만, 닭은 날지도 않고 겁쟁이다. 즉 겁쟁이와 다투면 당신도 겁쟁이가 된다는 뜻이다. 큰 결과를 얻고 싶다면 작은 일에 연연해서는 안 된다.

2. 월급이 실질물가를 앞지르지 못한다

똑같은 물건을 샀는데 몇 달 전에 비해 지출이 더 많아진 적이 있는가? 그런 적이 있다면 월급이 실질 물가를 앞지르지 못했기 때문이다. 월급으로 가난을 벗어날 수 있다고 배운 것이 잘못이다. 월급을 받는다는 것은 좋은 일이지만 그 월급을 받기 위해 우리 삶은 피곤해진다. 또 먹고사는 일에 급급하여 시간이 없다는 핑계로 더 많은 기회를 잡지 못하고 어느 순간 젊은 시절이 다 지나가는 경우가 많다.

과거 생필품 물가는 10년 주기로 거의 2배씩 증가했다. 그러나 월급은 거의 제자리였다. 다음 표를 참고하자.

구분	1980년	1990년	2000년	2010년	2020년
자장면	500원	1,300원	2,500원	4,000원	6,000원
버스비	150원	300원	600원	1,200원	2,000원
대학등록금	100만원	250만원	500만원	1,000만원	1,500만원
담배	500원	1,100원	2,200원	4,000원	6,000원

회사에 충성하고 월급에 인생을 건다면 분명히 언젠가 후회를 하게 될 것이다. 왜 그럴까? 열심히 한 우물만 파고 남들보다 더 열심히 살았는데 왜 은퇴를 앞두면 다들 불안해할까? 그동안 우리 가족의 삶에 기본이 되었던 수입이 이제 끝났기 때문일까?

월급의 속성을 이해하면 쉽게 이해할 수 있다. 월급은 필요한 곳에 쓰고 나면 조금 남을 정도이며 절대로 부자를 만들어 주지는 않는다. 월급은 청춘의 담보다. 청춘을 돈과 맞바꾸지만 부자는 절대 될 수 없다. 그래도 누군가는 아끼고 절약하여 열심히 돈을 모은다. 그렇게 모아봤자 강남에 30평 아파트 한 채를 사기도 힘든게 월급이다.

남편의 월급으로 살아가는 어느 주부의 현실을 보자.

"우리 남편은 월급쟁이다. 단순하게 연봉제라는 말로 연봉 나누기 13을 해서 매달 똑같은 급여를 받고 남는 한 달 급여를 퇴직금으로 모아놓는다. 매달 계획을 세워서 생활하기 좋은 시스템이라고 위로하기에는 너무도 부족한 금액이다. 아무리 쪼개고 쪼개도 한 달에 얼마씩 적금 넣기가 힘들다. 두 아이의 엄마다 보니 더 그렇다. 15년 근무 기간 동안 연봉이 거의 똑같다. 물가는 배 이상 올랐는데 말이다. 아이들이 커가면서 식비, 교육비, 의료비 등은 늘어나는데 월급의 증가 속도는 제자리 걸음을 하고 있다. 월급을 절약하고 모으면 부자가 될 것 같지만, 월급만으로는 부자가 될 수 없는 사회구조 속에 살고 있다.

월급이 늘어나기 위해서는 승진을 해야 한다. 그것도 아주 높은 직책으로 일하면서 시간당 일의 가치를 올려야 한다. 시간당 최저임금을 받는 비정규직 직원과 상무, 이사 직급의 임원은 일하는 가치가 다르다. 그러다보니 승진을 하기 위해 열심히 스펙을 쌓고 공부하는 데 투자를 한다. 시간과 돈을 맞바꾸는 일이 어쩔 수 없는 결과라 체념하고 이런 삶에서 벗어나기 위해 발버둥치면서 부자를 인생의 목표라고 말하면서 산다. 그렇지만 월급을 지키기 위해 발버둥치느라 바빠서, 부자 되는 방법을 공부하거나 계획을 세울 시간이 없다.

분명 10년 뒤엔 은퇴를 한다는 걸 알면서도 은퇴 후 계획도 없다. 그저 하루하루 버티기 급하다. 불평하고 화내면서 하루하루를 건넌다. 서글프지만 요즘 월급쟁이들의 현실이다."

3. 월급만 믿고 열심히 산 30대는 50대가 돼서 잘못된 길이었다는 것을 알게 된다

20대와 30대에 실습 등으로 스펙을 쌓고 자격증을 따기 위해 많은 시간을 투자하지만, 투자 대비 자격증에 대한 혜택은 점점 감소하는 실정이다.

40대가 되면 어떤가? 세월이 흘러 나이가 들고 생활의 중심은 아이들에게 옮겨간다. 신발장에는 온통 아이들 신발뿐이고, 부부 동반 외출 한 번 하려고 옷장을 열어보면 입을 만한 옷이 없고 들고 다닐 변변한 핸드백도 하나 없다. 아내에게 어울리는 핸드백이나 구두 한 켤레 없는 현실을 보고 그제야 정신을 차려보지만 이미 회사를 다닐 수 있는 보장된 시간은 얼마 남지 않았다.

50대가 되면 달라질까? 자동차회사 임원으로 재직하다 회사가 어려워지면서 40세 이상 재직자들이 다 퇴사할 때 함께 나온

53세 공학박사를 알고 있다. 그는 경험과 학력이 뛰어나지만 나이가 많고 고액 연봉자라는 이유로 재취업을 할 수 없었다. 주위에서 중소기업을 운영하는 친구가 그 상황을 딱하게 여겨 자기 회사에 책상을 하나 마련해주고 사무실에 나와 소일거리나 하라고 배려를 해준 덕분에 직원 아닌 지인으로 매일 시간을 보내고 있다. 이 공학박사는 암담한 미래에 대한 스트레스로 머리카락이 빠지기 시작했다.

60대가 되면 어떨까? 60대가 되면 과거의 학력이나 자격증이 필요 없게 된다. 왜냐하면 회사 사장보다 나이가 많으면 재취업을 할 수 없기 때문이다. 영국에서 지사장을 지내고 유럽 회사 한국지사에 전무로 퇴직한 지인은 퇴직 후에 다섯 군데 이력서를 내봤지만 모두 다 거절되었다. 이유는 딱 한 가지, 나이가 회사 사장보다 많기 때문이었다.

30대에는 아직 젊어서 미래를 알 수 없기에 오직 학력 높이기, 스펙 쌓기에 옆을 쳐다볼 새도 없이 열심히 앞만 보고 달린다. 겉으로만 멋있는 직업들을 찾으며 더 많은 경쟁에서 이기기 위해 더 많은 스펙을 준비하지만 50대가 지나면 많은 시간과 열정을 투자한 스펙들이 나이가 많다는 단 하나의 이유로 의미가 없어진다. 이런 사실을 30대는 알 수가 없다. 그러나 성공한 이들은 알고 있다. 성공을 위해서는 스펙만 높일 게 아니라 경험을 쌓아야 한다는 것을.

외국 현지 상사 주재원으로 몇 십 년을 근무한 덕에 그 나라에 대한 수많은 경험과 식견을 갖고 있으며 그 나라에 언어도 능통한 지사장들, 대형 프로젝트를 성공시킨 수많은 임원들, 수많은 나라의 바이어는 물론 그 가족 자녀들까지도 다 알고 지내는 무역 상사 임원들, 이 수많은 엘리트 임원들이 스펙이 부족해서 그 자리를 지키지 못한 게 아니다. 단 하나, 나이가 많기 때문이다. 스펙을 쌓는 것은 물론 중요하다. 그러나 아무리 훌륭한 스펙도 나이 들면 쓸모가 없어진다. 그러니 직장의 한계를 미리 예측하고 당신의 노후를 회사에만 맡겨서는 안 된다.

현재는 100세 시대다. 은퇴하고도 몇 십 년을 더 살아야 할 당신의 노후를 회사가 책임지지 않는다. 회사는 회사를 유지해야 하기 때문에 회사에 근무하는 동안만 책임을 진다.

미래에 당신 가족과 당신을 위해 평생 할 수 있는 직업을 부업으로라도 찾아야 한다. 당신이 20대이든 40대이든 그게 가장 먼저 해야 할 일이다.

4. 다수를 부자로 만들어주는 것은 사우디 오일 밖에 없다

직장인은 월급을 받기 위해 회사에 출근한다. 돈이 전부가 아니고 돈만 좇고 살아서는 안 된다고 말하지만 현대 사회에서 최소한의 생활을 유지하려면 돈이 필요하다. 그래서 모든 직장인은 월급이 오르기를 매년 기대한다.

그러나 회사가 직원들에게 월급을 많이 준다는 것은 그 회사의 경쟁력이 낮아진다는 의미이기도 하다. 결국 회사는 매출의 감소와 재정 압박으로 파산을 하게 될 수도 있다. 예를 들어 30만 명의 직원을 가진 대기업이 1인당 10만 원씩 월급을 올려준다고 하자. 300,000명×100,000원=300억 원이다. 1년이면 3,600억 원이 지출된다. 월급 10만 원 오른다고 개인의 삶이 윤택해지거나 큰 부자가 될 수 있는 돈이 아니며 아주 작은 돈일뿐이다. 그러나 이 돈을 모두 회사가 모으면 아주 중요한 사업에 쓸 수 있는 큰 자본이 된다. 직원의 월급은 회사의 자본일 뿐이다. 직원의 상황에 앞서 회사는 재정이 어려워지면 제일 먼저 인원 감축을 한다.

이것이 "가난은 나라님도 구제할 수 없다"고 선인들이 말한 근거다. 회사의 수입은 한정적이고 회사에 직원이 많다면 그 많은 직원을 다 부자로 만들어주면서도 경쟁사회에서 끝까지 살아남을 수단과 방법을 가진 회사는 없다. 직원들의 월급을 졸라매고 경쟁사에 이길 수 있는 경쟁력을 키우든지 아니면 직원들에게 몇 년 퍼주고 망하든지 둘 중 하나를 택해야 한다.

자영업도 마찬가지다. 가격을 무한정 싸게 해서는 머지않아 망할 수밖에 없다. 인건비가 높아지면 상대적으로 가격이 높아지며 경쟁력에서 밀려 고객들은 썰물처럼 사라지고 만다. 국가도 마찬가지다. 국민에게 퍼주기식 포퓰리즘으로 인기를 유지해서 망한 대표적인 나라가 바로 한때 전 세계 4대 강국이었던 아르헨티나다.

유통의 변화를 보면 옛날에는 생산기술이 낮아 생산자가 상대적으로 부족했다. 그러다보니 공급이 부족하고 수요가 많아 가격이 높게 책정되었다. 생산기술이 보편화되면서 생산자가 많아지고 당연히 공급 과잉으로 가격이 낮아지기 시작했다. 그러나 생산자도 유통자도 소비자도 서로 생존하는 쪽으로 가격이 정해지며 안정을 찾아가기 시작했다. 한쪽이 너무 불리하면 그 관계는 곧 쓸모가 없어지기 때문이다. 네트워크 비즈니스는 교통과 통신이 발달하면서 새로운 유통의 모델로 성장하기 시작했다. 즉, 공장의 생산품이 소비자에게 직접 배달될 만큼 물류시스템이 발전된 것이다.

미래학자 엘빈 토플러는 유통 혁명으로 생겨난 새로운 경제주체를 '프로슈머'라고 불렀다. 생산자(Producer)와 소비자(Consumer)의 합성어로 프로슈머(Prosumer), 즉 생산자와 소비자가 공동으로 이익을 나누는 상생 시대가 곧 프로슈머 시대다. 이 프로슈머는 일종의 네트워크 비즈니스다. 기존 유통 시스템에서는 대형 할인마트의 사장들이 유통 마진을 가져가며 몇몇 유명한 광고주들이 광고비를 가져간다. 그러나 네트워크 비즈니스에서는 회사는 회원을 모집하고 그 회원들에게 혜택을 나눠준다. 회원들은 회사로부터 중간 유통자 없이 직접 제품을 구매한다. 그리고 사용하고 있는 제품을 이웃들에게 알리는 일을 한다. 그 결과 유통비와 광고비가 절약된다. 회사는 남는 이익을 회원들에게 돌려준다. 이 이익 분배는 새로운 부의 모델이며 네트워크 비즈니스가 성장할수록 그에 따른 신흥 부자들이 많이 생겨나고 있다.

5. 누가 나와 내 가족의 미래를 책임질 것인가?

딸은 아빠의 고민을 알까? 한번은 지인과 술을 한잔하는데, 그 지인이 딸의 미래에 대해 걱정을 늘어놓았다. 딸은 그동안 공부도 잘하고 착하게 잘 커줘서 참 대견하게 여기고 있는데,

어느 날 남자친구를 소개했다고 한다. 딸의 남자친구는 잘 나가는 전문직 엘리트였다. 그는 혹시나 자신의 초라한 모습 때문에 딸이 남자친구와 헤어지지나 않을까 걱정하고 있었다. 자기는 지금 실직 상태라 변변한 수입도 없고 딸이 결혼을 해도 지원해 줄 돈이나 재산이 전혀 없다고 했다. 딸이 결혼을 한다면 아파트 열쇠, 자동차 열쇠, 사무실 열쇠 등 사위를 위해서 키 몇 개는 준비해야 할 것 같은데 그럴 형편이 못 된다는 것이다. 얼마 지나지 않아 그 지인의 딸이 서로의 형편을 알고 남자친구와 헤어졌다는 씁쓸한 소식을 접했다.

나는 두 자녀를 골프선수로 키웠다. 딸은 KLPGA 프로이고 아들은 KPGA 프로이다. 한번은 딸이 말하길, 골프를 같이 하는 대학친구가 학교를 휴학하고 골프클럽에서 캐디 알바를 한다고 했다. 또 골프를 하는 아들 친구는 골프를 뒤로 미루고 군대를 간다고 했다. 부모님들이 경제적으로 더 이상 도와 줄 수 없었기 때문이다.

요즘은 개천에서 용 나기가 쉽지 않다. 격차가 너무 많이 벌어졌기 때문이다. 어렵게 S대학을 합격했다고 하자. 이제 가족은 기대가 무척 클 것이다. 그러나 정작 대학에 들어가면 경쟁자인 친구가 시간과 돈을 다 가지고 공부를 할 때 자기는 시간을 쪼개 알바를 하며 틈틈이 공부를 해야 한다. 방학이 되어 친구가 자기계발을 한다고 외국 연수를 떠나거나 다음 학기 준비를 할 때도 자기는 다음 학기 등록금을 벌기 위해 알바를 하느라 시간을 써버린다.

요즘 많은 대학생들이 졸업을 미루고 있다. 졸업을 하고 백수로 보낸 세월이 길수록 취업이 힘들기 때문이다. 그래서 인턴을 지망해보지만 대기업에서도 인턴이 직원으로 채용되는 비율은 30퍼센트에 못 미친다. 316개의 공기업 인턴 13,979명 중에 정직원으로 채용된 경우는 고작 29퍼센트뿐이다. 기존 인턴사원의 수습기간이 끝나면 또 다른 인턴사원을 채용하면 그만이다. 인턴을 하겠다는 학생들이 넘쳐나기 때문이다.

어느 취업준비생의 이야기를 들어 보자. 그가 말하기를 인턴과 현장실습생에게는 법적인 보장도 없다고 한다. 인턴을 2년이나 열심히 했고, 팀장에게 인정도 받았다. 그런데 어느 날 그 자리에 회사 부장 친구의 아들이 정직원으로 들어와 더 이상 인턴도 할 수 없게 되었다. 그는 지금도 취업을 준비하면서 부모에 의존해서 살고 있다. 그러나 부모의 노후가 걱정이다. 부모님의 노후자금이 모아지지 않으면 언젠가는 자기가 갚아야 한다고 생각하기 때문이다.

어렵게 취직한 후는 어떨까? 직장에 입사 동기끼리도 빈익빈 부익부가 있다. 자기는 월급을 받아 생활비에 등록금 이자에 몇 년을 모아도 경차 하나 살까 말까 하는 데 부모가 부자인 동기는 회사를 1년만 다니면 부모님이 외제차를 사준다고 했단다. 그리고 이상한 것은 금수저들은 회사 근무 고가도 항상 A를 받는다. 어렵고 힘든 일을 흙수저에게 시키면서 근무 고가는 기대만큼 높게 주지 않는다. 흙수저가 아무리 열심히 절약하고 아껴도 흙수저는 흙수저일 뿐이다. 부모 세대부터 생긴 격차는 자녀 세대에서 좀처럼 좁히기 힘들다.

6. 남자는 노년을 조심해야 한다

일본의 현재가 한국의 미래다. '나리타공항의 사요나라' 를 아는가? 일본 남자들은 직장생활 잘하다 퇴직하고 막내 자녀가 결혼한 후에 일본 나리타공항에서 신혼여행을 떠나보낸다. 그 직후 부인이 남편에게 이혼을 통보한다. 남편이 월급을 더 받지 못하고 미래에 비전이 없기 때문이다. 그래서 '나리타공항의 사요나라' 라고 한다.

노년에 혼자 사는 여성이 남편과 함께 사는 여성보다 평균 10년 더 장수한다는 통계가 있다. 반대로 남성은 부인과 함께 사는 사람이 혼자 사는 사람보다 더 오래 산다고 한다. 오래 살기 위해서라도 남성은 젊어서 자신의 노후를 튼튼하게 준비해야 한다.

남자는 젊었을 때부터 노년에 평생수입이 될 두 번째 일을, 본 직업과 같이 열심히 병행해야 한다. 두 번째 일은 절대적으로 평생수입이 보장되어야 한다. 만약 두 번째 일도 60세에 같이 끝난다면 역시 남자의 노년은 보장될 수 없다. 이 말을 무시한 남자는 부인으로부터 노년에 무시당할 것이다.

7. 여자도 노년을 조심해야 한다

여자도 노년을 미리 준비해야 한다. 남자만 믿고 열심히 현모 양처로 살았다 하더라도 노년은 보장받지 못한다. 왜냐하면 남편은 당신보다 평균 10년 수명이 짧다. 남편이 모아둔 돈을 마지막 가는 순간에 병원비로 다 탕진하고, 당신은 남은 생을 자녀들에게 의지해야 할 확률이 높다는 뜻이다.

그럼 자녀들이 당신을 책임질 수 있을까? 아니다. '아들이 둘이면 형제의 집으로 떠밀려서 왔다 갔다 하다가 길에서 죽고, 딸이 많으면 딸네 집에서 아이 보고 밥 해주고 반찬 해주고 설거지하다 싱크대 앞에서 죽는다'는 말이 있다. 한때 현대판 고려장이 사회적 이슈가 된 적이 있다. 현대판 고려장의 장지는 제주도나 해외라고 한다. 여행을 멀리 가서 그곳에 의도적으로 부모를 버린다는 것이다. "불효자는 부모가 만든다"고 할 수 있다. 부모가 돈이 많아 명절에 찾아오는 자녀들에게 1천만 원씩 준다면 모든 자식이 아무리 바빠도 명절마다 고향에 있는 부모님을 찾아올 것이다.

8. 취업기간은 너무 짧고 예상 수명 기간은 너무 길다

10 11 12 13 14 15 16 17 18 19 : 청소년기
20 21 22 23 24 25 26 27 28 29 : 취업준비기
30 31 32 33 34 35 36 37 38 39 : 취업
40 41 42 43 44 45 46 47 48 49 : 직장
50 51 52 53 54 55 56 57 58 59 : 퇴직
60 61 62 63 64 65 66 67 68 69 : 은퇴생활 시작
70 71 72 73 74 75 76 77 78 79
80 81 82 83 84 85 86 87 88 89
90 91 92 93 94 95 96 97 98 99 : 100세 시대

평균적으로 30세에 취업해서 59세에 은퇴한다고 하면 우리가 직장에 다니는 시기는 고작 30년에 불과하다. 그것도 잘 다녔을 때의 이야기다. 요즘은 30이 넘도록 취업을 하지 못하는 사람이

수두룩하고 50이 되기 전에 정리해고 당하는 사람도 적지 않다. 60세까지 직장을 다니고 은퇴를 한다 쳐도 직장생활을 한 전체 기간보다 더 많은 날들이 남아 있다. 따라서 인생 2모작을 해야 할 때가 되었다.

90세가 되어 영어 공부에 도전한 선생님이 있었다.

"왜 90세에 영어 공부를 시작했습니까?"라고 질문을 하자, "내가 60에 은퇴를 하고 나서 30년을 허송세월하고 오직 죽는 날만 기다렸는데 지난 30년이 가장 후회가 되기 때문이오. 다시 10년 후에 후회하지 않기 위해 지금이라도 공부를 하는 거요"라고 대답했다.

당신의 수명을 간단하게 계산해보자. 요즘은 '100세 시대'라고 한다. 그리고 2045년이면 120세 시대가 된다고 한다. 지금 태어난 신생아는 평균 수명이 얼마일까? 간단한 수식으로 계산을 해보면, 현재는 100세 시대, 2045년은 120세 시대 즉 앞으로 30년마다 평균 수명이 20년씩 늘어난다고 보면 된다. 그렇다면 지금 태어난 아이들은 120세까지 산다. 그리고 30년마다 20년이 늘어난다고 했을 때 수명은 더욱 늘어날 것이다.

9. 꿈꾸는 은퇴, 그러나 우리의 현실은 다르다

〈신데렐라〉, 〈백설공주〉, 〈잠자는 숲 속의 공주〉.

모두 어렸을 적에 한 번쯤 들어봤을 법한 동화다. 이런 동화를 읽은 소녀들은 백마 탄 왕자님을 꿈꾸기도 한다. 그러나 현실은 어떤가? 나이가 들면서 소녀는 여자가 되고 세상 어디에도 백마 탄 왕자님은 없다는 사실을 알게 된다. 그리고 이렇게 말한다. "남자? 다 거기서 거기야."

이처럼 꿈과 현실은 언제나 하늘과 땅 차이다. 현실은 꿈보다 훨씬 냉혹하다. 세상의 모든 부모는 자식이 세상의 냉혹함을 모르고 살아가기를 바라지만 때로는 그런 경험이 힘든 세상을 지혜롭게 살아가는 힘이 되기도 한다.

은퇴 후의 삶도 마찬가지다. 우리는 모두 행복한 노후를 꿈꾼다. 기왕이면 경제적으로 부유한 노후를 보내고 싶고, 마음 같아서는 젊어서 가보지 못한 나라를 두루두루 여행하고도 싶다. 그동안 마음만 있었지 해보지 못한 취미생활은 또 얼마나 많은가. 전원주택을 마련해 노후를 자연과 함께 보내고 싶은 이들도 있을 것이다.

그러나 역시 현실은 꿈과는 너무도 다르다. 은퇴하는 것도, 은퇴 후의 삶도 쉽지 않다. 어느 대기업에서 직원을 상대로 '언제 은퇴할 것인가?' 라는 주제로 설문조사를 한 적이 있다. 응답자들은 대부분 거동이 불편해서 일을 할 수 없을 때까지 은퇴하지 않겠다고 대답했다. 또 다른 조사에서 '은퇴 후 한 달에 얼마의 생활자금이 필요하느냐?' 는 질문에 절반에 가까운 사람들이 200~300만 원이라고 대답했다. 300만 원 이상이 필요하다고 대답한 사람도 14.2퍼센트나 되었다.

'누구와 함께 은퇴를 맞이할 것인가?' 라는 물음에 대한 응답도 의미 있다. 국토연구원의 조사에 따르면 우리나라 만 65세 이상 노인 3명 중 2명은 자녀와 따로 살고 싶어 하는 것으로 나타났다. 특히 만 65세 미만의 장년층은 노인이 되었을 때 자녀와 따로 살고 싶다고 한 응답자가 82퍼센트에 달했다. 이에 따라 관련 연구원은 향후 자녀와 같이 살지 않는 노인이 더욱 많아질 것이라고 추측했다.

앞서 살펴본 세 가지 설문조사를 통해 대한민국 국민은 되도록 경제활동을 오래하고, 은퇴 후에는 자녀들과 따로 살면서 월간 200만 원 이상을 소비하고 싶어 한다는 사실을 알 수 있다. 그러나 현실은 희망하는 것과는 조금 다르다.

우선 은퇴 시기를 살펴보자. 현재 직장인의 예상 정년은 꾸준히 하락하고 있다. 취업 및 인사 포털사이트인 인크루트와 엠브레인이 직장인 1,075명을 대상으로 '현재 직장에서의 예상 정년'을 조사한 결과, 평균 43.9세를 예상 정년으로 생각하는 것으로 집계되었다.

은퇴 직전까지 일을 하고 싶은데 40대 초반에 자리에서 물러나야 하는 현실인 것이다. 이렇다 보니 정년을 한 후 다른 일자리를 구해야 하지만 나이 때문에 다른 직장을 구하기도 만만치 않다. 자연스레 자영업자가 늘어날 수밖에 없다. 이미 한국의 자영업 비율은 적정 수준의 3~4배가 넘는다. 그래서 자영업을 시작한 사람 중 80퍼센트가 3년 안에 문을 닫는다. 흑자를 내는 곳은 겨우 5퍼센트에 불과하다. 정년 후 일을 해도 원하는 만큼의 소득을 얻기 힘들다는 의미다.

은퇴 후 희망하는 소비 금액은 또 어떤가. 앞에서 말했듯이 대부분의 사람들은 200~300만 원 이상의 생활비를 원한다. 현실적으로 이 금액을 지출하면서 살기 위해서는 은퇴 초기 자산이 5억5,000만~8억2,000만 원 정도 되어야 한다. 은퇴설계 없이는 장만하기 쉽지 않은 거액이다. 세대별 소득 대비 대출상환액은 50대는 26.5퍼센트, 60대는 46퍼센트로 나이가 들수록 월 소득은 줄어들고 상환액은 높아진다. 게다가 나이가 들면 병원비가 더 많이 들어간다.

그렇다면 한국인은 자신이 원하는 은퇴 생활을 영위하기 위해 얼마나 준비하고 있을까? 우리나라 800만 베이비부머 세대의 은퇴자산을 조사한 결과 순 자산이 3억 원에도 미치지 못한다는 통계 수치가 나왔다. 조사에 참여한 응답자 중 부동산과 금융자산(부채 포함)을 합친 보유자산이 3억 원 미만인 경우가 50.9퍼센트로 절반을 넘었다. 3억 원 이상 5억 원 미만은 20.1퍼센트, 5억 원 이상을 보유하고 있다는 응답은 23.8퍼센트에 그쳤다. 미래에 대한 경제적 불안을 느끼느냐는 질문에는 응답자의 75.3퍼센트가 그렇다고 대답했다. 결국 우리나라 베이비부머 세대는 원하는 노후를 보내기가 그만큼 힘들다는 소리다.

02 시간은 유한하다

"여러분에게 주어진 시간은 유한하다. 남의 인생을 사느라 그 시간을 낭비하지 마라."
- 스티브 잡스(애플 창업자)

어두운 밤에 호숫가에 앉아 포대에 들어 있는 돌멩이를 호수에 던지는 젊은 사람이 있었다. 그런데 아침이 되어 보니 그 돌멩이는 금덩어리였다. 땅을 치며 후회했지만 남은 금덩어리는 얼마 되지 않고 거의 모든 금이 깊은 호수 속에 가라앉고 말았다. 우리에게 주어진 시간도 이 금덩어리와 같다.

봄이 되자 두 형제가 보트를 가지고 바다로 갔다. 일에 바쁜 아버지는 한참 후에야 그 보트에 작은 구멍이 났다는 것을 깨달았다. 지난 가을 구멍을 발견하고도 나중에 고쳐야지 하고는 차일피일 미뤘던 것이다. 아버지는 한달음에 바다를 향해 달려갔다.

마침 보트를 다 탄 두 아이가 보트를 끌고 돌아가는 길이었다. 아버지는 안도의 한숨을 내쉬며 보트를 살펴보았다. 누가 그랬는지 구멍이 막혀 있었다. 얼마 전 바로 그 보트를 칠했던 사람이었다. 만약 색칠만 하고 구멍을 방치했다면 아마도 그 보트 주인은 두 아이를 잃었을 터였다. 오늘 한 시간의 투자가 남은 미래 전부를 책임질 수도 있다. 미래는 준비하는 사람의 것이다.

1. 학벌은 시간을 빼앗아간다

돈을 버는 것과 공부를 하는 것은 생각과 달리 반비례한다. 만약 대학원을 간다면 그만큼 사회에서 돈을 벌 수 있는 기회와 시간이 늦어지는 셈이다. 나는 한국에서 대학원을 졸업하고 그 후에 미국 유학까지 다녀왔다. 그러다보니 친구들보다 10년 늦게 회사에 취업했다. 상대적으로 스펙은 높았지만 모아둔 재산은 없었고 회사 월급도 낮았다. 대학이나 대학원에서 돈 버는 방법을 얼마나 배울 수 있을지는 미지수다. 요즘처럼 급변하는 시대에 대학의 지식은 사회의 변화를 따라 가기 힘들기 때문이다. 예전에는 대학에서 공부를 다 마친 뒤 취업을 해서 돈을 벌었다. 그러나 이제는 사회를 이해하고 사회가 요구하는 공부를 같이 할 때 더 좋은 결과를 내는 시대가 되었다.

한 여성 취업준비생이 있었다. 그녀는 거의 100군데에 취업 원서를 냈지만 2차 면접에서 매번 떨어졌다. 그러다 네트워크 비즈니스를 시작하게 되었다. 그런데 이상한 일이 일어났다. 이 사업을 시작하고 3개월쯤 지나서 당당히 취업을 하게 된 것이다. 그녀가 100번 이상 떨어진 것은 면접 때문이었다. 그녀는 대인공포증이 있었다. 학교에서는 대인공포증을 어떻게 극복하는지, 사람들 앞에서 어떻게 스피치할 것인지 전혀 가르쳐주지 않았다. 그런데 이 사업을 배우는 동안 여러 사람 앞에서 자기 자신을 소개하고 발표할 기회가 많아 대인공포증이 없어지고 발표력이 좋아졌던 것이다. 학교에서 배우지 못한 스피치 훈련을 이 비즈니스에서 배운 그녀는 면접관 4명 앞에서 당당하게 대답을 하고 합격했다. 또한 면접관들이 요즘 읽고 있는 책에 대해 질문하자 《더불어 사는 자본주의》 등 이 사업을 하면서 읽은 책을 토대로 회사에서 팀워크와 상생의 중요성을 말해 좋은 인상을 심어줄 수 있었다.

로버트 기요사키는 "부자 아빠는 늘 네트워크의 힘을 강조한다"고 지적한다. 회사나 정부로부터 미래의 경제적 문제를 보장받을 수 없는 상황에서 자신의 삶을 새롭게 발견하고 다른 사람을 이끌어주면서도 자신도 함께 성장할 수 있는 네트워크 비즈니스에서 새로운 활로를 찾으라는 것이다. 비즈니스 세계에서 가장 강력한 파워를 가진 단어는 '네트워크'이며 네트워크의 경제적 가치는 네트워크 참여자 수의 제곱에 비례한다고 한다.

네트워크 비즈니스는 단순히 경제적 문제만을 해결해주는 것은 아니다. 이 사업은 자신을 꾸준히 계발할 수 있는 기회를 준다. 그러는 과정에서 리더십을 함양해 다른 사람들을 이끌어주고 현재의 상황을 발전시킴으로써 자신 또한 더 멀리 나아갈 수 있는 방법을 찾을 수 있게 해준다.

네트워크 비즈니스는 삶을 변화시키는 교육 시스템을 갖고 있다. 이는 직업을 바꾸는 것 이상을 의미한다. 사람들은 시스템 안에서 적은 비용으로 개인 사업의 원리를 배우고 익힌다. 마음에 품고 있는 가치가 현실로 이루어지며, 리더십의 가치를 배울 수 있다. 또한 여기에서 성공한 부자들이 투자하는 대상에 함께 투자할 수 있다. 네트워크의 진정한 힘을 발휘하여 개인의 꿈을 현실로 만들 수 있는 것이다. 네트워크 비즈니스는 위와 같은 가치를 바탕으로 다가오는 미래에 자신의 경제적 문제와 함께, 다른 사람과 함께 성장하고 발견할 기회를 제공한다.

1975년 4월 4일, 19살이던 빌 게이츠는 하버드대학교를 중퇴하고 21살의 폴 앨런과 함께 뉴멕시코 주 앨버커키에서 자본금 1,500달러를 갖고 마이크로소프트를 창업해 지금은 세계 최고의 부자가 되었다. 빌 게이츠의 가정환경은 유복했다. 아버지는 변호사, 어머니는 금융기업과 비영리단체의 이사였다. 부모는 게이츠가 변호사가 되기를 바랐다. 그러나 그는 변호사가 아니라 회사 CEO가 되었다.

중국 알리바바 그룹의 마윈은 1964년에 태어났다. 흙수저로 시작한 마윈은 자신의 힘으로 창업하여 세계적인 수준의 성공한 기업가가 되었다. 마윈은 어렸을 때 좋은 환경에서 자라지 못했다. 그가 다닌 초등학교, 중학교, 고등학교, 대학교는 모두 좋지 않은 학교이거나 3등급 정도 되는 학교였다. 공부에 크게 관심이 없던 마윈은 그래도 영어 공부는 열심히 했다. 마윈은 영어를 굉장히 좋아했지만 영어 교재를 살 돈이 없어서, 항저우에 있는 상그릴라 호텔 앞에서 외국인들에게 무료로 가이드를 해주며 영어회화 실력을 늘렸다. 마윈은 성적이 좋지는 않았지만 본인이 흥미를 가진 것에는 누구보다도 열정적이었다.

마윈은 대학 졸업 후에 30군데가 넘는 곳에 입사지원서를 냈지만 모두 거절당했다. 경찰이 될까 하고 면접을 봤지만 5명 중 마윈만 탈락했다. KFC에서도 면접을 봤지만 24명 중 마윈만 떨어졌다고 한다. 못생긴 외모 때문이었다. 누구라도 절망할 만한 상황이었다. 그러나 마윈은 굴하지 않고 친구와 함께 기업 홈페이지를 제작해주는 인터넷 회사를 설립했다. 그후 야후의 공동창업자인 제리 양을 만나면서 인터넷 시장의 잠재력을 발견하고 전자상거래 사이트를 창업하자고 제안했다. 이렇게 해서 알리바바가 탄생했다.

만약 마윈이 KFC나 다른 회사에 취업을 했다면 아마도 지금의 마윈은 없을 것이다. 직장에서 성실히 잘나가는 직원으로 평생을 살았을 수도 있다. 취업을 하지 못한 것이 전화위복이 된 경우다.

2. 돈을 벌려고 하지 말고 지혜를 배워라

"지갑에 있는 마지막 동전 한 푼까지 털어 정신을 살찌우는 일에 투자한다면, 정신이 지갑을 두둑이 채워 줄 것이다."
- 벤자민 프랭클린(미국 초기 정치가, 과학자)

지혜는 누구나 약간의 관심과 노력으로 배울 수 있다. 한번은 비행기 일등석을 타고 미국에 갔다. 우연히 일등석에서 서비스하는 기내 승무원과 이야기를 나눴다. 그때 나는 그 사람에게, 지금 이 비행기 일등석에서 만나는 손님들을 잘 모시는 것도 중요하지만 더욱 중요한 것은 그들의 말투나 생각 그리고 그들의 정보에 좀 더 귀를 기울이고 관심을 가지는 것이라고 말했다.

손님을 잘 모시면 승무원으로 살아가는 데 조금은 도움이 될지 모른다. 그러나 손님의 말투와 생각, 정보에 관심을 가지면 승무원 이상의 멋진 삶을 누릴 수 있는 가능성이 열린다. 바로 그 때문에 성공한 사람들은 더 성공한 사람들로부터 듣고 배우는 것을 게을리하지 않는다.

베스트셀러《부자 아빠 가난한 아빠》의 저자 로버트 기요사키는 초등학교 다닐 때 친구의 아빠가 운영하는 하와이의 큰 호텔 마트에서 시간제 알바를 하게 되었다. 그때 친구의 아빠는 그에게 부자 되는 방법을 가르쳐 주겠다고 했다. 그러나 마트의 알바 비용이 너무 적었다. 화가 난 기요사키는 친구 아빠에게 항의했다. 그때 친구 부자 아빠는 이렇게 말했다.

"나는 네가 마트를 운영하는 방법, 손님의 요구에 응대하는 법 등 다음에 네가 직접 마트를 운영할 때에 필요한 경험과 노하우를 배우라고 이 마트에 취업을 시킨 것이다. 그런데 너는 시간당 받는 알바 비용이 적다고 투정을 하는구나."

성공한 사람의 말이나 정보에는 지혜가 담겨 있다. 그들의 말을 경청한다는 것은 곧 지혜를 배운다는 의미다. 이 사업을 하던 어느 날 한 여성분이 많은 제품을 사서 단골 소비자에게 전달하러 가는 모습을 보고 그 노하우를 물어본 적이 있다. 그 사람은 친절하게 많은 이야기를 나에게 해주고 갔다. 산에서 밤을 주우려면 허리를 굽혀야 한다.

3. 무엇이든 빨리 시작하라

기다리지 마라. 적당한 시기는 결코 오지 않는다. 지금 바로 시작하고 쓸 수 있는 도구
는 무엇이든 사용하라. 그렇게 사용하다 보면 더 좋은 도구들이 나타날 것이다.
- 나폴레온 힐(작가)

밥 버그는 《The Success Formula》에서 성공의 정보를 찾고
(Seek Out and find the Information) 그 시스템을 따라 즉시 실행
(Apply the Information Immediately)하라고 했다. 실행하지 못
하면 그 성공의 정보는 아무런 가치도 없다는 것이다
(Knowledge without action is the same as no knowledge at all).
더불어 끈기(Be Persistent)를 가지고 행하고 믿음(Belief)으로 하
라고 했다.

이 책을 읽음과 동시에 즉시 네트워크 비즈니스를 시작하라.
이 사업을 시작하면 사업 스킬보다 인성에 대한 것부터 배운다.
'즉시', '바로' 행동하는 것은 부자의 편이고 '언젠가'를 기다리
는 것은 실패자의 편이다. '언젠가 부자가 되어야지, 언젠가 살
을 빼야지, 언젠가 영어를 공부해야지, 언젠가 운동해야지' 등은

성공의 반대를 뜻한다.

성공한 사람들의 공통점은 결정과 행동이 빠르고 끝까지 해내는 끈기가 있다는 것이다. 앤절라 더크워스는《그릿》에서 "성공은 타고난 재능보다 열정과 끈기에 달려 있다"라고 했다. 스페인에서 여의도 2배 크기의 농장과 3,000여 가지의 유기농 제품을 제조하는 회사를 경영하는 안토니오 에스테반 회장과 비즈니스 상담을 할 때였다. 작은 제안 하나도 책임자에게 직접 전화하여 그 자리에서 지시하고 바로 서류나 그에 해당하는 샘플 등을 준비시키는 모습을 보고, '역시 성공한 사람은 일을 신속하게 처리하는구나' 하고 감탄했다.

일본의 손정의가 중국 마윈 회사에 2,000만 달러를 투자하기로 결정하는 데는 단 6분밖에 걸리지 않았다. 그 후 알리바바 그룹은 미국 증시에 상장했고 손정의 회장은 투자액의 3,000배나 되는 초대박 수익을 얻게 되었다. 14년 전 투자한 200억 원 규모의 주식이 총액 59조 원이 된 것이다. 중국의 인구는 무려 13억이다. 인터넷 인구는 6억, 중산층이 3억 이상인 중국이 미래에 얼마나 더 성장할지 정말로 무서울 따름이다. 손정의는 단 6분만에 미래의 흐름을 꿰뚫어보았고, 그 6분이 그의 오늘을 있게 한 것이다.

즉시 실천한 일들이 모두 성공으로 바로 이어지는 것은 아닐 수 있지만, 아마존 창업자 제프 베조스도 많은 도전을 했다. 그리고 성공하면 더욱 열중하고 실패할 경우에는 그 실패에서 배워 다시 도전했다. 그 결과 오늘의 아마존이 가능했다.

나는 처음 이 비즈니스를 접했을 때 딱 두 가지만 확인하고 바로 시작했다. 첫째는 나에게 이익인가 손해인가였고, 둘째는 내가 전하는 친구에게 이익인가 손해인가였다. 나도 친구도 매일 사용하는 생필품 치약과 비누를 마트에서 사지 않고 공장에서 직접 살 수 있다면 그게 모두에게 이익이라고 믿었기 때문에 한 순간의 주저함도 없이 바로 이 사업을 시작했다.

모두에게 이익이 되고 남을 도와 남이 성공해야 나도 성공할 수 있는 사업이 어디에 또 있을까? 이 일을 시작한 후 2년 동안 열심히 사람들을 도운 결과 나는 당시 회사에서 받던 월급보다 2배나 더 많은 추가 수입을 얻게 되었고, 더 이상 아침 일찍 출근 전쟁을 안 해도 되는 자유로운 삶의 주인공이 되었다.

일반 사람들은 현재를 보면서 편한 쪽(comfort zone)으로 행동하며 미래가 어떻게 될지를 예측하고, 부자들은 미래를 내다보면서 난관이 닥칠 때 어떻게 행동해야 될지를 생각한다. 미래를 내다보며 행동하는 사람만이 부자가 된다.

대부분의 사람들은 부자들을 이해하기 어렵다고 말한다. 돈은 이동 속도가 너무 빨라 뒤에서 잡을 수 없고 앞에서 길목을 지켜야 돈을 잡을 수 있기 때문이다. 기회는 항상 멋지게 찾아오지 않는다. 어렵고 힘들 때 초라하게 찾아온다. '내가 어떻게 이런 일을 해' 라고 의심할 때가 바로 기회다. 스티브 잡스는 "끊임없이 갈망하라(Stay hungry)" 라고 했다.

4. 한 사람이 아니라 그 인생이 온다

사람을 만나고 때를 기다려라. 한 사람을 아는 데 1년이 걸렸다면 두 사람을 아는 데는 몇 년이 걸릴까? 아마도 속도는 훨씬 빨라질 것이다. 이 비즈니스의 특징은, 내가 이 비즈니스를 알리고 가르친 사람이 아주 많아지면 내 수입도 비례해서 많아진다는 것이다. 보통 한 사람의 소개로 새로 알게 될 사람은 200명 이상이 된다고 한다.

지인에게 네트워크 비즈니스를 이해시키는 데 수년이 걸렸다. 그러나 지금은 지인도 확신과 믿음을 갖고 열심히 이 비즈니스를 친구들에게 알리고 있다. 그런데 서로 친하게 지내고 믿었던 친구들이 도통 말을 듣지 않는다. 속상하는 일이다. 그러나 되돌아보면 자기 자신도 이해를 하는 데 수년이 걸렸다. 그는 자신이 그랬기에 타인도 그럴 것임을 이해한다. 그래서 기간을 넉넉하게 잡고 열심히 미래를 향해 달려가고 있다.

하루는 그가 이렇게 말했다.

"이 비즈니스를 이해시키는 데 누구는 몇 년짜리, 누구는 몇 년짜리다."

그렇게 말하면서 그는 허허 웃고 있었다. 나는 안타까운 생각이 들었다. 왜냐면 이 사업에서 성공하려면 사람을 이용하려 하지 말고 사람을 도와주어야 하기 때문이다. 경쟁심은 이 사업에서는 독이다. 이 비즈니스의 성공 방식은 경쟁이 아니라 상생이다. 나만의 이익이 아니라 서로의 이익을 추구할 때 올바른 인간관계가 형성된다.

돈이나 외상 거래는 누구와도 하지 마라. 이것이 많은 사람들이 성공의 길에서 갑자기 멈춘 가장 큰 이유이다. 사업 파트너들에게 돈을 빌리고 갚지 못하는 경우, 땅에 공동 투자를 했다가 땅 값이 떨어진 경우, 공동 창업 개념으로 스타트업 회사에 공동 투자해서 그 회사가 망한 경우, 자녀 학비나 생활비를 빌려준 경우, 각자의 꿈과 목표에 기준을 두지 않고 자기만의 꿈이나 목표에 중심을 두는 경우 등이 사업을 멈추게 하는 주된 이유들이다.

5. 실행하는 순서를 부자에게 배워라

시간 투자에 우선순위를 정하라. 미국의 억만장자가 대학생들에게 강의를 할 때 칠판에 1,000억 원을 써 놓고 그 1,000억 원의 의미를 설명해줬다.

1억 원은 열심히 노력하면 벌 수 있다.

10억 원은 새로운 정보와 지식을 배워 열심히 해야 벌 수 있다.

100억 부자는 올바른 방향을 찾고 그 방향으로 시스템을 구축해야 이룰 수 있다.

옳은 방향을 알려면 나침반이 필요하고 또 그 사용법을 배워야 한다. 바로 앞의 것은 눈으로 보지만 미래는 안목으로 보아야 한다. 앞의 징후를 감지하고 멀리 보고 느끼고 과연 이 시스템이 내 자녀들의 삶까지 보장할 수 있는가를 확인해야 한다.

조급하게 굴지 마라. 작은 물고기를 잡다가 큰 물고기를 놓치게 된다. 작은 일을 해도 세월과 시간은 한없이 흘러간다. 그 작은 유혹에 조심하라. 나의 현재를 평가해라. 시간, 재정, 능력, 협조자 등 그 기준에서 최선을 찾아라. 지인이 알고 있는 부부는 이교대로 24시간 조그만 편의점을 운영한다. 그 조그만 편의점을 부부가 아무리 열심히 운영해도 100억 원을 벌 수 없는 이치와 같다. 올바른 방향과 방법으로 이미 결과를 낸 성공한 사업가들이 당신이 하기만 하면 도와줄 준비가 되어 있다.

부자와 달리 일반인은 맨 먼저 옳은 방향이나 건강을 생각하지 않고 무조건 열심히 살아가기 때문에 최선을 다해봤자 1억 원의 돈만 벌 수 있다. 길거리에서 풀빵을 팔아서는 절대 억만장자가 될 수 없는 이치와 같다. 대부분의 일반 사람들은 먼 미래를 보지 못하고 우물 안 개구리로 먹고사는 일에 급급하며 사는 사람들이다.

1,000억 원을 버는 데 가장 중요한 것은 건강을 지키는 것이다. 건강을 지키지 못하면 1억도 지키지 못한다. 건강을 지키려면 균형 잡힌 영양 섭취를 위해 건강기능식품을 매일 챙겨 먹고 큰 병원에서 정기 검진을 받으며 매주 5회 이상 30분 이상 땀이 나도록 운동을 해야 한다. 무엇보다 더 중요한 것은 스트레스를 받지 않는 것이다. 직장생활은 스트레스의 주된 원천이지만 이 비즈니스는 스트레스가 없다.

03 누구에게 배울 것인가?

미국에 이민 간 한국인들은 공항에 처음 마중을 나온 사람의 직업을 따라 직업을 갖는 경우가 대부분이라고 한다. 즉 세탁소를 운영하는 사람이 마중을 나오면 세탁업을 하고, 야채 가게를 하는 사람이 마중을 나오면 야채 가게를 시작한다는 것이다. 열심히 살지만 가난하게 사는 선배나 지인에게 배울 것인가? 편한 친구에게 배울 것인가? 아니면 대하기 불편하지만 내가 미래에 되고 싶은 사람인, 경제적으로 자유로운 부자에게 배울 것인가?

새로운 비즈니스를 배우는 것은 새 종이에 글을 쓰는 것과 같다. 만약 새로운 비즈니스를 과거의 다른 직업이나 비즈니스 방법으로 행한다면 그것은 구겨진 낡은 종이에 글을 쓰는 것과 같다.

대규모로 장사를 하는 상인이 하루는 마차를 여러 대 끌고 가다가 눈길에서 길을 잃었다. 이리저리 헤맨 끝에 겨우 도시에 도착을 했다. 그런데 상인은 한숨을 내쉬는 것이었다. 옆에 있던 마부가 이상해서 질문을 했다.

"이제 위기에서 벗어났는데 왜 한숨을 쉬는 겁니까?" 그러자 그 상인은 이렇게 대답했다.

"언제나 한 대의 마차만 몰고 있는 자네는 이해하지 못할 걸세. 한 대의 마차가 남기는 바퀴자국은 바람이나 눈에 금방 지워져버리지. 하지만 무거운 짐을 실은 여러 대의 마차가 눈길을 가면 깊은 바퀴자국이 남게 되지. 이제부터 내 뒤에 오는 마차는 내가 헤맨 길이 도시로 가는 길인 줄 알고 내 마차 바퀴자국을 따라가다 나처럼 고생을 하게 될 걸세."

위의 일화처럼 사람들은 흔히 앞선 사람을 따르려는 경향이 있다. 어느 분야에서나 마찬가지다. 사업 또한 다르지 않다. 어떤 분야에 새롭게 도전하고 싶다면 그 분야에서 성공한 사람들의 말과 정보와 행동에 관심을 기울여야 한다. 이미 성공한 사람도 사실은 그보다 먼저 성공한 자의 길을 따른 것이다. 그래서 지성이 뛰어난 사람은 실수를 하지 않으려 노력한다. 지성이 뛰어난 사람이 실수를 범하면, 수많은 무지한 사람들이 그 뒤를 따르게 되므로 그만큼 책임이 무겁기 때문이다.

먼저 결과를 만들어낸 성공자를 모방하고 성공자가 되라. 그리고 앞장서라.

1. 지식의 기초는 학교에서 배워라

학벌에 상관없이 성공할 수 있는 시대라고 하는데 인문, 사회, 과학, 회계, 문학, 영어 등 공부가 왜 필요할까? 당연히 기초적인 공부가 필요하다. 미국 서부에 있는 스탠퍼드 대학에 골프 황제 타이거 우즈가 회계학 공부를 하기 위해 입학했다. 자기가 번 돈을 잘 관리하는지 알기 위해서였다. 부모님 몰래 소 판 돈을 훔쳐 도망친 정주영 회장이 그 돈으로 가장 먼저 한 일은 부기학원에서 부기를 배운 것이었다. 부기를 배운 뒤 정미소에 취직을 했다. 누구보다 정직하고 성실하게 일했던 정주영 회장은 젊은 나이에 정미소를 외상으로 인계받아 지금의 현대를 만드는 데 기초를 이루었다. 에디슨도 집에서 독학으로 공부했다.

빌 게이츠도 스티브 잡스도 명문 대학에 입학했다. 그러나 그 학력이 성공의 디딤돌이 된 것은 아니다. 다만 사회에 진출하여 어떤 일을 할 때 기본적인 지식이 상호 연관되어 새로운 아이디어나 창의적인 생각을 유추해낼 수 있는 것이다.

학력을 쌓기 위해 공부를 하지 마라. 학력을 쌓으면 좋은 직장, 좋은 배우자 그리고 약간의 높은 연봉을 얻게 될 것이다. 그러나 학력이 곧 성공으로 이어지지는 않는다. 학력보다는 세상의 이치와 원리의 기본을 배우고 많은 인맥을 만들어놓아라. 미래에 어떤 인연으로 다시 만날지 알 수 없다. 학교 지식으로만 부자가 되는 것은 아니다. 부자가 되는 지식은 부자에게 배워야 한다. 학교에서는 요리, 운전, 부동산, 세무, 육아, 세금 절세하는 법, 돈 투자하는 법, 사업해서 돈을 버는 법, 사기를 피하는 법, 체중 조절하는 법, 인간관계 잘하는 법 등 실제로 사회에서 필요한 것을 배울 수 없다.

2. 성공의 기초는 성공한 사람에게 배워라

성공한 사람에게 배울 때 배우고 싶은 것만 배워서는 성공할 수 없다. 성공한 사람의 말이나 가르침이나 행동을 내 기준으로 평가하거나 부정적으로 생각하면 더 이상 성공한 사람에게 배울 수가 없다. 성공한 사람의 지식은 평가의 대상이 아니라 무조건적으로 모방하고 따라해야 하는 지식이다. 성공한 사람들을 자기의 기준으로 평가하고 자기 방식으로 사업을 진행하는 것은 포클레인을 옆에 두고 삽으로 땅을 파는 것과 같이 어리석은 일이다.

유치원생이 대학생의 말을 얼마나 이해할 수 있을까를 생각해보면 그 이치를 이해할 수 있다. 인생을 바꾸고 싶으면 보는 것, 듣는 것, 만나는 사람을 바꾸라고 한다. 그러나 많은 사람들이 세 가지를 다 바꿔도 성공하지 못한다. 듣고 보고 만나고 난 후 자기 수준으로 생각하고 평가하고 행동하기 때문에 다시 자기 수준으로 낮아지는 것이다.

성공한 사람들은 이성적으로는 이해되지 않는 경우가 많다. 상식은 보통의 성과를 넘기 어렵지만 비상식은 훨씬 큰 결과를 내기도 한다. 성공의 노하우는 교육의 정도가 아니라 경험과 결과의 수치에 있다. 만약 성공한 사람들에게서 학교 선생님의 학습법을 기대한다면 실망할 것이다. 자연법칙에는 처음 시작부터 바로 상승하는 커브가 거의 없다. 처음에는 언제나 마이너스적인 커브에서 서서히 위로 전진하다가 갑자기 기하급수적인 성장의 단계를 거쳐 그 누구도 따라올 수 없는 큰 결과를 낸다.

성공한 사람들은 인맥을 중시한다. 즉 인맥이 정보이고 돈이라고 생각한다. 인맥을 늘리기 위해서는 먼저 베풀고 유머를 알고 미소를 지으며 좋은 인격을 갖춰야 한다. 사람들이 마음으로 좋아하는 사람이 되어야 한다. 사람의 마음은 흐름이 있다. 물은 높은 곳에서 낮은 곳으로 흐르듯이 마음은 편하고 따뜻하며 인정을 해주는 쪽으로 흐르게 되어 있다. 논쟁에서 이기면 논쟁에서 진 사람으로부터 우호적인 마음을 얻기 어렵다. 이기고 가난하게 살 것인가, 지고 부자로 살 것인가? 인맥을 쌓으려면 신뢰를 얻어야 한다. 신뢰를 얻는 데는 시간이 걸린다. 누구도 하루아침에 신뢰를 얻을 수는 없다. 따라서 신뢰를 얻는 방법부터 터득해야 한다.

성공한 사람이 되겠다고 마음먹는 것은 곧 과거와 다른 삶을 살겠다는 각오다. 그저 그런 일상과 작별하고 내 가치관과 행동을 실제로 바꾼다는 의미다. 성공한 사람들은 오랜 기간 메모하는 습관이 몸에 배어 있다. 성공한 사람들은 학벌을 위한 공부가 아니라 삶을 위한 공부를 한다.

한 달에 최소 1개 이상의 신문을 오프라인으로 구독하며 책 2권 이상을 읽으려고 노력한다. 성공한 사람들은 다양한 방법으로 돈 벌 수 있는 정보를 습득하며, 유용한 정보 습득에 돈을 아끼지 않는다. 일반인이 정보를 수집하는 가장 손쉽고 좋은 방법은 책과 신문을 꾸준하게 읽는 것이다. 성공한 사람들은 나이와 학벌에 관계없이 독서광이며 하루 2~3개의 신문을 꼼꼼히 읽는다. 성공한 사람들은 사소하지만 강력한 성공 습관을 오래전부터 터득하고 지속적으로 실천하고 있다.

3. 부자에게 점심을 사라

홍콩의 갑부 이가성 회장의 운전수 이야기다. 30년간 자신의 차를 운전한 운전수가 퇴직할 때 이가성 회장은 퇴직금으로 약 4억 원을 주려고 했다. 운전수는 필요 없다고 사양하며 자기도 40억 원 정도는 모아 놓았다고 대답했다. 월급이 100만 원 정도밖에 안 되는데 어떻게 그런 거액의 돈을 저축했는지 묻자 "제가 차를 몰 때 회장님이 뒷자리에서 전화하는 것을 듣고 땅을 살 때 같이 조금 샀고, 주식을 살 때도 조금씩 모아 산 게 지금은 큰 자산으로 늘어났다"고 대답했다. 지혜는 배우는 게 아니고 보고 듣고 느끼고 깨닫는 것이며, 이것을 즉각 실천하는 것이다. 우물가에 가야 물을 마실 수 있고 바다에 가야 물고기를 잡을 수 있는 이치와 같다.

부자들은 맡은 일에 최선을 다하고 그 일에 긍지와 열정을 갖고 몰입하여 성과를 낸다. 돈을 쫓기보다는 현재 하는 일에 최선을 다하는 것이 결국에는 더 큰 성공을 불러온다. 부자는 노력하는 과정에서 운이 따라온다고 생각하지만 일반인은 노력과 행운을 독립적으로 본다. 부자는 위기에서 배우며 위기가 오면 감정적으로 동요하지 않고 정면 승부를 걸며, 최악의 상황을 가정하여 담담하게 임한다. 이 정도쯤 아무것도 아니라는 마음으로 위기에 대처하는 것이다. 사람을 대할 때는 일시적으로 이용하지 않고 장기적인 관점에서 신뢰를 쌓는다.

어떤 일에 대한 기술보다는 그 사람의 됨됨이가 일의 성패를 가른다. 장사가 일시적인 순간의 수입이라면 사업은 좀 더 장기적인 투자에 의한 미래의 성공이다. 이가성 회장의 운전수는 그런 사업가의 행동을 놓치지 않고 즉각 따라함으로써 운전수가 누릴 수 있는 이상의 삶을 누릴 수 있게 된 것이다.

즉 부자와 점심을 먹는다는 것은 그 기술을 배우기 위함이 아니라 부자들의 마인드, 습관, 행동 등을 보고 배우기 위함이다. 그래서 이를 교육이라 하지 않고 멘토링이라고 한다.

4. 실패에서 성공을 배워라

"나는 살면서 수많은 실패를 거듭했다. 그러나 바로 그것이 내가 성공할 수 있었던 이유다."
- 마이클 조던(미국의 프로 농구 선수)

실패는 성공한 사람들도 누구나 경험하는 일반적인 것이다. 다만 성공한 사람들은 실패를 대하는 자세가 다르다. 그들은 실패가 금방 지나간다는 것을 알고 있다. 그들에게 가장 큰 실패는 아예 도전하지 않는 것이다. 도전하지 않으면 실패하지 않겠지만 당연하게 성공의 기회도 결코 오지 않는다. 그러나 도전을 할 때마다 성공의 확률은 높아진다. 실패를 통해 약점을 알 수 있고 그 약점을 보강할 수 있기 때문이다.

아무것도 하지 않고 숨만 쉬고 있으면 실패도 하지 않는다. 한 번의 실패를 영원한 실패라고 잘못 인식하는 사람도 많다. 나와 함께 이 비즈니스를 하는 사람이 어느 날 자기는 실패가 두려워서 사람들에게 말을 하기가 매우 어렵다고 말했다. 이 비즈니스의 가치도 알고 이 비즈니스를 통하여 성공도 하고 싶지만 다른 사람과 대화하면서 몇 번의 실패를 경험하고 나니 다시 도전하기가 두려워 어떻게 하면 좋을지 모르겠다는 것이었다.

네트워크 비즈니스에서 성공하려면 이 비즈니스의 가치를 누군가에게 전달해서 그 사람이 나와 함께 이 일을 하도록 해야만 한다. 그런데 실패가 두려워 다른 사람에게 전달할 수 없다면 성공의 기회는 오지 않는다. 두려움을 두려워해서는 안 된다. 두려움은 행동하기만 하면 안개처럼 사라진다.

나는 네트워크 비즈니스를 시작하는 이들에게 다음과 같은 몇 가지 경험을 들려주었다. 먼저 당신의 성공이 아니라 그 사람의 성공에 대해 이야기를 하라고 했다. 이때, TV 아나운서가 시청자의 반응에 관계없이 뉴스를 혼자 전달하듯 말해야 한다.

그 다음은 그 사람의 몫이다. 그래도 TV를 보는 시청자들은 다음 날 다시 그 뉴스를 본다.

참고로 이런 이야기도 해줬다. 한번은 네트워크 비즈니스 경험이 몇 년 되는 사람이 여러 사람 앞에서 이런 이야기를 하면서 이 사업이 어렵다고 이야기를 했다.

"요즘 불경기라 남의 호주머니에서 돈 빼앗기가 너무 힘들고 어렵다."

그래서 그에게 이렇게 말했다.

"사장님, 그런 생각으로 이 사업을 하기 때문에 이 사업이 어려운 겁니다. 이 사업은 다른 사람의 호주머니에서 돈을 빼앗는 게 아니고 다른 사람의 호주머니를 가득 채워주는 사업입니다."

당신이 실패를 두려워하는 이유는 상대방이 아니라 당신의 성공에 기준을 두고 이야기하기 때문이다. 만약 상대방의 성공에 기준을 두고 말한다면 그 사람은 당신의 말에 저절로 귀 기울일 것이다. 설령 당신의 이야기에 동의하지 않으면 상대방 스스로 이 좋은 기회를 놓치는 것이다.

그러나 그 결과로 당신이 실패하는 것이 아니다. 상대방이 가치를 알지 못해 기회를 잡지 못한 것일 뿐이다. 그런 상대방이 애처롭게 느껴져야 하는 것이지 실패라고 생각할 일이 아니다.

나는 좋은 정보와 기회를 전달할 뿐 상대방이 기회를 잡고 안 잡고는 완전히 그 사람의 선택이다.

마이크로소프트의 창립자 빌 게이츠는 임직원과의 대화에서 실수와 경쟁과 도전에 관한 질문에 이렇게 답했다.

"큰 변화가 일어나는데도 이를 놓치는 경우가 있지요. 이게 가장 위험합니다. 그런 일이 여러 번 있었지만 비교적 괜찮았어요. 하지만 그런 일이 일어나는 횟수를 줄여야겠지요. 저는 사람들이 우리 회사를 깎아내리는 걸 좋아합니다. 맞습니다, 우리는 실수를 했고 실수했다는 것을 알고 있어요. 하지만 우리는 그것에서 배웠고 우리의 많은 업적은 바로 그 결과입니다."

5. 생필품으로 평생수입을 만들어라

불확실한 미래에서 가장 확실한 것은 무엇일까? 생필품 시장은 계속 커진다는 것이다. 생필품 사업은 불경기가 없다. 생필품은 물이나 공기와 같이 우리 삶과 밀접하기 때문이다. 치약, 설탕, 껌 등의 생필품으로 사업을 한 기업들은 지금도 계속 유지되고 성장하고 있다. 만약 생필품을 이용하여 개인의 수입을 구축한다면 그 수입은 평생수입이 될 수 있다. 반면 일시적으로 성공했던 대기업 중에는 시대의 변화에 따른 요구에 대응하지 못하고 지금은 사라지고 없는 기업들이 많다.

트렌드와 유행은 다르다. 유행은 일시적인 현상이고 트렌드는 지속적인 현상이다. 따라서 어떤 일을 정할 때도 지속 가능한 트렌드를 좇아야지, 일시적인 유행을 좇아가면 안 된다. 구두나 옷을 유행 상품이라고 한다면, 누구나 매일 죽을 때까지 사용해야만 하는 치약 비누와 같은 생활필수품은 트렌드 상품이다. 이를 특히 '메가트렌드'라고 말한다.

대부분 자체 공장과 농장을 소유하고 있는 네트워크 비즈니스 회사들은 회원 소비자를 사업 파트너로 인식하고 직거래를 하며, 그 결과 중간 유통 비용이나 광고비를 절약하여 회원들에게 이익을 배분해준다. 재무가 튼튼하고 제품의 품질이 우수하고 가성비가 높은 회사의 제품은 시간이 지나면서 소비자들의 환영을 받게 된다. 소비자에게는 유통의 방식보다 제품의 품질과 가성비가 중요한 선택의 기준이 되기 때문이다. 따라서 네트워크 비즈니스를 통해 소비자를 구축해놓으면 구축된 소비자들에 의해 평생수입을 얻게 된다.

그러나 이 비즈니스를 하다 보면 제품의 품질이나 가성비보다 기존의 대형마트나 백화점을 선호하며 네트워크 비즈니스로 유통되는 제품을 경시하거나 동의하지 않는 사람들도 많이 만나게 된다. 그런 현상을 불편하게 생각하지 말고 그런 현상들을 기회의 신호로 인식하면 된다.

알리바바그룹의 회장 마윈은 이렇게 말했다.

"사람들이 동의하지 않는다면 그것이 기회라고 생각하라. 기회가 어디 있는지 생각해보면, 기회는 항상 사람들이 불평하는 곳에 있다. 사람들이 무언가 불평을 하고 있을 때, 당신이 그 문제를 해결한다면 그게 바로 기회가 되는 것이다. 다른 사람들이 불평하게 하라. 불평하는 이들은 실패한다. 가진 게 없다고 불평하지도 마라. 어떻게 변화를 이끌어낼지 생각하라. 자신의 머리를 써서 말이다. 워렌 버핏, 마크 저커버그 등 성공한 사람들은 결코 불평하지 않는다. 그들은 언제나 다른 사람들의 문제를 해결하려고 노력한다."

04 4차 산업혁명이 시작되었다

조지 스티븐슨이 증기기관차를 발명하자 영국에서는 철도의 장래성이 화제가 되었다. 당시 많은 지식인들은 마차보다 나은 수송 수단은 없으며 철도는 미친 짓이라고 생각했다. 잘로몬은 오스트리아 황제 페르디난트 1세에게 빈에서 보호냐까지 100킬로미터에 걸친 유럽 최고의 철도건설 사업을 승인받았다. 그러자 신문에 의사와 전문가들의 투고가 빗발쳤다. "인간의 육체는 시속 24킬로미터 이상은 견딜 수 없다. 악마의 강철기계가 오스트리아를 달리면 승객의 눈, 입, 귀에서 피가 터져 나올 것이다. 터널에서는 승객들이 질식할 것이다. 철도는 흉폭한 영구차로 변할 것이다."

정신과 의사들은 "지금처럼 스트레스가 많은 사회에서 인간은 이미 정신적으로 과로 상태다. 더구나 철도에 승차하여 긴장하면 인간은 완전히 발광하고 말 것이다"라고 경고했다. 지금 들으면 어리석기 짝이 없지만 당시의 지식인들조차 과거의 척도로 판단한 자신들이 옳다고 믿었다. 미래를 과거나 현재의 지식 척도로 평가하거나 재려고 하지 마라.

4차 산업혁명이란 인공지능, 로봇기술, 생명과학이 주도하는 차세대 산업혁명을 말한다. 로봇이나 인공지능을 통해 실재와 가상이 통합되어 사물을 자동적, 지능적으로 제어할 수 있는 가상 물리 시스템의 구축이 기대되는 산업상의 미래 변화를 일컫는다. 개인의 능력으로 미래의 변화를 예측하기가 힘들고 신기술을 배운다 해도 자동화나 로봇과 경쟁해서 살아가기가 점점 힘들어 지는 개인파산시대를 예고하는 말이기도 하다.

1. 1차, 2차, 3차 산업혁명은 과거다

러다이트 운동(1811~1817)은 기계 파괴 운동이라고도 부른다. 1차 산업 혁명으로 인하여 기계가 노동자보다 우위를 점하자 경쟁에서 패배한 수공업자들은 몰락했다. 자택이나 공동의 작업장에서 자신의 의지에 따라 노동해온 그들은 실업자가 되든지 자본가의 강제 아래 움직이는 공장 노동자가 되든지 아니면 가난하게 살 수밖에 없었다. 그들은 기계야말로 빈곤의 원인이라 판단하고 기계를 파괴했다.

2차 산업혁명 - 전기 - GE

18세기 후반에 시작된 기계의 발명과 기술의 혁신에 의해 야기된 산업상의 큰 변화와 이에 따른 사회·경제적 변화. 제2차 산업 혁명은 석유와 철강을 주원료로 삼고 화학 공업과 전기 공업 등 새로운 공업 분야를 중심으로 이루어졌다

3차 산업혁명 - 컴퓨터 - 빌 게이츠 - 인터넷

3차 산업혁명의 근간인 정보화 사회는 통신망의 발전으로 이루어졌으며, 이를 기반으로 인터넷이 발명되었다. 인터넷이 발명되면서 정보를 공짜로 제공하는 새로운 비즈니스 모델이 생겨났다. 신문과 같은 오프라인에서 정보를 보려면 당연히 돈을 내야 하지만, 인터넷 사이트를 통해서 뉴스를 검색하면 돈을 내지 않는다. 알다시피 인터넷 사이트는 광고료로 수익을 창출하기 때문에 사용자에게 돈을 받지 않는 대신 사용자가 많을수록 광고 단가는 높아진다.

인터넷 쇼핑몰의 경우에도 오프라인 유통의 중간과정이 없어서 유통 비용이 절감된다. 구매자도 언제 어디서나 시공간을 초월해 물건을 살 수 있어 대량 판매가 가능하다. 그만큼 싼 가

격으로 물건을 팔 수 있다. 이로 인해 자연스럽게 오프라인은 경쟁력을 서서히 잃어가고 있다.

2. 4차 산업혁명은 현재다

4차 산업혁명은 스마트 지능화 시대, 무인의 시대다. 기계장치가 무인으로 움직이고 스스로 학습하고 움직이는 지능화시대가 다가오고 있다. 혹자는 이미 4차 산업혁명이 시작되었다고 말하기도 한다. 첨단 ICT(정보통신기술: Information and Communication Technology) 기술이 중심이 되는 4차 산업혁명은 경제와 사회의 많은 부분을 변화시킬 것으로 예상된다. 4차 산업혁명 시대의 미래는 어떻게 펼쳐질지 살펴보겠다.

4차 산업혁명은 인공지능과 사물인터넷(IoT: Internet of Things), 로봇 등 첨단 ICT 기술이 중심이 되는 새로운 물결을 의미한다. 2016년 1월 클라우스 슈밥 세계경제포럼(WEF: World Economic Forum) 회장이 다보스포럼에서 4차 산업혁명을 주요 의제로 채택한 이후 세계적 화두로 떠올랐다. 4차 산업혁명의 핵심 키워드는 단지 ICT 기술뿐만이 아니다. '융합' 과

'혁신', '맞춤화' 등이 포함된다. 4차 산업혁명에 민첩하게 대응하고 있는 독일의 사례를 보자.

최근 독일 안스바흐에 1993년 이후 23년 만에 아디다스 신발 공장이 세워졌다. 중국, 동남아시아 등 저임금 국가로 옮겨간 공장이 유턴한 것이다. 그 이유는 직원의 감소다. 과거에는 600명의 직원이 필요했다. 그러나 공장자동화로 불과 10명의 직원이면 충분하게 되었다. 이로 인해 인건비가 전체 생산 비용에 큰 부담이 되지 않기 때문에 선진국으로의 유턴이 가능해진 것이다. 기존 제조공정에 인공지능과 사물인터넷, 로봇 등 ICT 기술을 적용한 이 공장에서는 연간 50만 켤레의 운동화가 생산될 예정이다.

독일 아디다스 신발공장의 사례에서 볼 수 있듯이 4차 산업혁명은 기존 산업에 많은 변화를 가져올 것으로 전망된다. 전문가들은 우선 사물인터넷과 3D프린팅 기술이 적용된 '스마트공장'이 대중화할 것으로 예측한다. 또 운송수단과 ICT 기술이 융합할 것으로 보인다. 이미 미국 네바다 · 플로리다 등에서 자율주행차가 다니고 있는 가운데, 2030년에는 전 세계 차량의 40퍼센트가 자율주행차로 전환될 거라는 전망도 제기되고 있다

이와 함께 의료, 금융 등 각 분야에서 인공지능의 활용도가 높아질 것으로 보인다. 인공지능이 질병을 진단하고 금융 어드바

이저가 자본시장 정보를 분석하는 게 일상이 될 날이 머지않아 보인다.

3. 710만 개 이상의 기존 일자리가 곧 사라진다

4차 산업혁명의 시대에는 우리가 잘 알고 있는 의사, 변호사, 약사, 회계사, 택시와 버스 운전사, 마트 직원, 전철 기관사, 고속도로 톨게이트 직원 등 우리 자녀들 그리고 가족이 속해 있는 일자리 상당수가 사라진다.

세계경제포럼에서 발표된 '일자리 미래 보고서'에 따르면 향후 인공지능의 영향으로 200만 개의 일자리가 창출되지만 710만 개의 일자리가 사라진다고 한다. 즉 500만 개 이상의 일자리가 순수하게 감소하게 되는 것이다. 그러나 실제로는 710만 개의 일자리가 사라진다고 봐야 한다. 왜냐면 200만 개의 새로운 일자리는 향후 새로운 지식을 배운 다른 사람들의 일자리이기 때문이다.

실제로 지난 해 발표된 세계경제포럼의 일자리 보고서에 따르면, 현재 초등학교에 입학한 어린이의 65퍼센트는 4차 산업혁명의 영향으로 기존에 없던 새로운 직업에 종사하게 되며 인공지능과 로봇 등의 대체로 향후 제조업·사무직 등 최소 500만 개 이상의 직업이 사라질 것으로 예상했다. 여기가 끝이 아니라 시작이란 것이다. 기술의 속성을 보면, 신기술이 신기술을 발전시킨다. 기술에 가속이 붙으면 앞으로 미래기술에 의해 얼마나 더 많은 직업이 사라질지 지금으로서는 예측할 수 없다.

'그러면 우리 아이에게는 어떤 전공을 갖게 해야 할까?'

'사라지지 않을 35퍼센트의 직업을 준비하는 교육이 좋을까, 아니면 65퍼센트인 미래의 직업에 대비하는 교육이 더 나을까?'

요즘 많은 부모들이 던지는 질문이다. 그러나 미래에 좀 더 안전할 것으로 보이는 직업을 선택하고 미리 준비하는 게 기본적으로 통하지 않는 세상이 오고 있다.

새로운 일자리는 그에 적합한 새로운 직무 능력을 요구하지만 지식의 유효기간이 단축됨에 따라 대학과 대학원 등 전통적 고등교육기관이 이런 수요에 적합한 인력을 교육해내기는 매우 어렵다.

최근 새로운 박사학위 논문 지식의 유효기간이 6개월 미만이라고 한다. 구글의 글로벌 채용 담당 임원은 "출신 학교나 성적 같은 지표로 사람을 뽑는 것은 '게으른 방식' 이 되었다"라고 밝혔다. 대학 졸업장은 너무 낡은 잣대가 된 것이다. 따라서 앞으로 상당히 많은 대학이 사라질 전망이다.

　기술이 발전함에 따라 생활양식이 점점 편해지고 있다. 그러나 이런 기술의 발전이 좋은 점만 있는 것은 아니다. 기술 고도화 이면에는 일자리 감소라는 사회적 문제가 도사리고 있기 때문이다. 기계로 대체 가능한 무인시스템이 발전하면서 일자리는 사라지고 있지만 일자리 감소에 따른 뚜렷한 대책은 나오지 않고 있다. 6가지 새로운 기술과 연관된 미래에 사라지는 직업들을 보면서 앞으로 어떤 직업을 선택하고 어떤 일을 해야 할지 고민해봐야 할 시기다.

4차 산업혁명으로 미래에 사라지는 직업군

구 분	분 류
무인자동차	운전기사, 렌터카 직원, 집배원, 교통경찰, 대리운전자, 주차장 관리인, 세차장 직원
무인기 드론	배달원, 측량사, 조경기사, 소방관, 기자, 해충박멸업자, 목축업자, 지질학자, 경비원
3D 프린터	물류창고 노동자, 제조기술자, 건축노동자, 목수, 부동산 전문가
빅 데이터 및 인공지능	의사, 통역 번역사, 영양사, 금융컨설턴트, 회계사, 경리, 변호사, 언론인, 상담원, 교사
대용량 에너지 저장기술	환경디자이너, 광부, 에너지 강사, 발전소 직원
AI 로봇 기술	계산원, 외과의사, 약사, 수의사, 환경미화원, 수위, 조경사

상상을 해보자.

지금 당신 자녀들의 미래에 없어진다고 하는 직업이 현실로 인식되는가? 혹 자녀들이 전문직인 의사나 변호사를 꿈꾸고 있지는 않는가? 지금 우리는 불확실한 미래에 확실한 직업을 준비하기가 매우 어려운 혼돈의 시대를 살고 있다.

4. 강 하구에 살고 있는 원시부족의 최후에서 배워라

"아프리카 대륙의 어느 강 유역에 원시부족이 살고 있었다. 어느 날 백인들이 나타나서 그 강의 상류에 거대한 댐을 건설하기 시작했다. 10년쯤 후에 댐이 완공되면 강물이 말라 원시부족의 생활환경에 커다란 변화가 일어날 것인데도 이를 모르는 원시부족은 그들의 후손에게 물고기 잡는 법, 카누 만드는 법, 사냥하는 법, 농사 짓는 법 등을 여전히 가르쳤다. 어느 날 갑자기 댐이 완성되자 강에 물이 마르고 원시부족과 그들의 문화는 지구상에서 자취를 감추게 되었다."
- 엘빈 토플러(미국의 작가, 미래학자)

독일의 100년 된 거대 기업 코닥은 디지털 카메라를 가장 먼저 만들어놓고 디지털 카메라가 상용화되면 주력 사업인 카메라 필름이 안 팔릴 것을 우려하여 디지털 카메라 상용화를 일본 소니에게 내줬다. 코닥 필름회사는 결국 100년의 역사에 파산신청을 해야만 했다.

5. 결과가 마음에 들지 않으면 방법과 수단을 바꿔라

열심히 사는 것에 목표를 두기보다는 지혜롭게 살자. 결과가 마음에 들지 않으면 방법과 수단을 바꾸라고 했다. 내 부모님들은 동이 트기도 전에 밥을 짓고 낫을 갈고 꼭두새벽부터 하루를 시작하여 1년 365일 평생 쉬는 날 없이 매일을 하루 같이 일생동안 열심히 살아 왔다. 당연히 주말도 없는 삶이었다. 그러나 그 결과 남겨진 유산은 거의 없다.

나는 부모님보다 더 열심히 살지는 않은 것 같다. 그러나 부모님보다 풍요롭고 여유로운 삶을 이어가고 있다. 주말에는 한가로이 가족들과 여행도 다니고 외식도 하고 자녀들에게 돈이 많이 들어가는 골프도 시켰다.

부모님과 나의 차이는 노력에 있지 않다. 우리의 차이는 바로 사용하는 도구의 차이에 있다. 부모님 세대가 자신들의 노동을 기초로 경제를 유지했다면 나는 네트워크 비즈니스를 기초로 경제를 유지하고 있다. 노동으로 돈을 버는 것은 24시간이라는 시간의 한계를 넘을 수 없다. 그러나 네트워크 비즈니스는 팀과 시스템으로 하는 것이기에 시간의 제한이 없고, 또한 지렛대 효과를 이용하므로 효율이 기하급수적으로 늘어난다.

한 사람이 새벽부터 삽으로 땅을 판다. 열심히 하루 종일 쉬지 않고 저녁 늦게까지 땀을 흘리며 일한다. 허리도 아프고 힘도 들지만 참고 참으며 일한다.

또 한 사람은 아침 늦게 출근하여 포클레인 의자에 앉아서 일한다. 시원한 그늘 아래에서 시원한 콜라를 마시며 레버 몇 개를 작동시킨다. 기계의 힘으로 땅을 깊게 파고 무거운 돌덩이를 분류하여 치운다.

결과적으로 시원한 그늘에서 콜라를 마시며 몇 시간 레버를 작동한 후자의 작업량이 더 많다. 즉 일만 죽도록 열심히 하지 말고 지혜롭게 세상의 많은 도구들을 잘 활용하라는 뜻이다.

서울의 우수한 대학 경영학과를 졸업하고 대기업에 다니는 아들에게 어머니가 조용히 부탁을 했다.

"지금 아버지가 이상한 피라미드에 빠져 앞으로 우리 집안이 빚더미에 앉게 될 것 같다. 너는 상대를 나왔으니 아버지가 하시는 네트워크 비즈니스를 직접 확인해보고 하지 말아야 할 이유를 세세하게 찾아내서 아버지가 그 일을 그만두게 하라."

아버지는 몇 십 년 동안 회사를 열심히 다니고 있지만 그 결과가 마음에 들지 않았다. 그래서 방법을 바꾸려고 부업으로 이 사업을 시도했던 것이다. 그러나 어머니는 아버지의 선택을 믿지 못했다. 그래서 아들에게 구원을 요청한 것이다. 아들 또한 어머니처럼 큰일 났다고 생각했다. 아버지가 납득할 만한 이유, 그만 둘 이유를 찾기 위해 아들은 미팅에 참석했다. 그러나 찾지 못했다. 오히려 그가 찾은 것은 해야 할 이유들이었다. 결국 아들도 아버지와 함께 이 일을 시작했다. 아버지와 아들은 열심히 비즈니스를 했고 가족 모두 크게 성공하여 함께 성공자 여행도 갔다.

사람들의 인지 능력은 그 시대의 변화 속도를 따라가지 못한다고 한다. 특허상품으로 남보다 먼저 사업을 시작해보지만 사람들에게 특허상품을 알리고 인지시키는 데만 있는 자본을 다 소진하고 결국 망하는 이유도 거기에 있다. 특허상품을 열심히 알리고 망한 혜택은 다음에 시작하는 사람들이다. 그들은 앞선 사람들이 홍보를 해놓았기 때문에 그 혜택으로 성공한다. 특허상품으로 창업을 해서는 안 된다는 불문율이 생겨난 이유다.

6. 직장 선배의 가르침을 오래 따르지는 마라

대부분의 선배나 부모님들은 열심히 공부해서 좋은 회사에 취직하고 정년까지 그 회사를 위해 열심히 일하라고 한다. 그러면 취업한 후 평균 근속 연수는 어떨까? 노동부에서는 〈고용보험 통계연보〉라는 자료를 내놓는다. 거기에 보면 중소 영세 업체의 경우에는 한 해 이직률이 55퍼센트에 이른다. 한 직장에서 일하는 사람의 절반 넘게 그해에 직장을 옮기는 것이다. 대기업의 경우에도 이직률은 3분의 1 정도다.

끝없는 스트레스와 끝이 보이지 않는 미래, 그리고 10년, 20년 근속한 직장선배들의 삶이 새로운 직장인의 눈에는 비전으로 느껴지지 않는다. 카드 값을 걱정하고 자녀들 학원비를 걱정하고, 집이 없으면 해마다 오르는 전세비를 걱정하고, 설령 집이 있다고 해도 집 담보 대출금 이자를 걱정해야 하는 삶이 직장인 모두의 삶이라는 것을 깨닫게 될 때, 새내기 직장인들은 선배들의 전철을 밟아야 할 것인지 고민하기 시작한다.

05 무조건 실행이 답은 아니다. 먼저 옳은 방향을 찾아라

나는 선배님, 부모님, 교수님들의 가르침에 따라 최선을 다해 공부했다. 당시로서는 흔치 않았던 유학도 다녀왔고, 공학박사 학위도 받았으며, 대기업이 안전하다는 조언에 따라 대기업에 취업했다. 그러나 그 결과, 나는 용돈조차 부족한 직장생활을 하고 있었다. 그 후 우연한 기회에 이 비즈니스를 부업으로 시작했고 지금은 계속 직장에 다녔다면 상상하지 못했을 풍족한 삶을 살고 있다.

잘못된 방향에서 실행한다면 당신의 귀중한 시간만 소모하고 잘못된 결과를 얻을 뿐이다. 당신의 직장이 당신의 노후를 얼마나 책임질 수 있을까?

어떤 노인이 우상 숭배자였으므로 아브라함이 하룻밤을 꼬박 새워 개종을 권했지만 성공하지 못했다. 그래서 아브라함은 단념하고 자기 집으로 돌아와버렸다. 다음 날 저녁부터 아브라함은 그 노인을 찾아가지 않았다. 그러자 그 날 밤 하나님이 나타나 말씀하셨다. "나는 그 노인이 나를 믿게 될 때까지 70년이나 기다렸다. 그런데 너는 하룻밤도 기다리지 못하느냐! 도대체 어찌된 일이냐?" 라고 했다.

집을 지키는 개가 도둑이 들어왔을 때 만약 한번만 짖고 가만히 있었다면 그 개는 주인으로부터 제대로 대우받을 수가 없을 것이다. 개는 주인이 깨어나 도둑을 몰아낼 때까지 계속 짖어야 한다. 그것이 죽도록 실행하는 것이고, 그것만이 결과를 만들어낸다.

1. 옳은 방향이란 무엇인가?

장수시대에 살고 있는 우리는 노년에도 경제적 안정을 유지해야 한다. 이때 옳은 대안은 무엇일까? 30년 벌어 50년을 살아야 하는 시대에 진정한 대안은 무엇일까? 바로 방향을 잡는 일이 가장 중요하다. 그러나 사람들은 보통 옳은 방향이나 건강을 먼저 생각하지 않고 무조건 열심히 살아간다.

당신은 일시적인 수입을 위해 일하고 싶은가? 아니면 평생수입을 위해 일하고 싶은가? 하고 있는 일의 성과가 안정적이며 평생수입이 보장되고 일을 못 해도 평생수입, 즉 인세수입 또는 아바타 수입이 될 수 있는 일을 찾아 그 일을 성공적으로 실행해 가는 것이 옳은 방향이다.

10대와 20대는 공부하고 취업을 준비한다. 그리고 30대에서 50대까지는 열심히 회사에 충성한다. 그러나 내 충성심과 관계없이 앞으로 회사에서 근무할 수 있는 기간 즉, 퇴직 시기는 점점 짧아지고 있다. 이유는 간단하다. 우리는 지식이 급격하게 변하면서 수십 년 동안 공들여 배우고 배워서 완성한 박사학위 논문의 유효기간이 6개월 미만이 된 충격적인 시대에 살고 있다. 6개월 후면 새 논문이 헌 논문이 된다는 것이다. 이와 같이 급변하는 시대에 어느 직업이라고 나를 평생 책임져 주겠는가? 여기서 다시 한 번 미래에 대한 자신의 대안을 고민할 필요가 발생한다.

2. 네트워크 비즈니스는 가난 플랜에서 부자 플랜으로 올라가는 사다리다

72법칙은 8대 불가사의 중 하나다. 원금 1억 원에 연 이자 12퍼센트를 단순이자와 복리이자로 50년 뒤를 비교해보자. 단순

이자는 원금 1억에 매달 100만 원의 이자를 받아 생활비로 지출하는 방식이다. 즉 1년에 1,200만 원 이자를 받고 10년이면 1억 2,000만 원 이자를 받는다. 즉 50년이면 원금 1억에 총 이자 6억이며 전체로는 7억 원이 된다.

그러나 복리이자는 원금을 찾지 않고 50년 동안 이자에 이자를 얹어 받는 방식이다. 72법칙은 72를 연 이자 12퍼센트로 나눈 결과가 원금의 2배가 되는 기간의 연수를 의미한다. 원금 1억 원에 2배인 2억 원이 되는 기간을 계산하는 수식이다. 즉 72/12=6이고 6년마다 2배씩 원금이 늘어난다는 수식이다. 1억 원은 6년 후에 2억 원이 되고, 12년 후에는 4억 원, 18년 후에는 8억 원, 24년 후에는 16억 원, 30년 후에는 32억 원, 36년 후에는 64억 원, 42년 후에는 128억 원, 48년 후에는 256억 원이 된다. 이자에 이자를 받는다는 것이 얼마나 어마어마하게 큰 차이인지 알기는 쉽지 않다.

여러분은 1억 원으로 시작해서 50년 후에 하나는 7억 원이 되고, 다른 하나는 256억 원이 되는 차이를 느낄 수 있겠는가?

바로 여기에 열심히 사는 것보다 올바른 방향을 열심히 찾는 것이 더 중요한 이유가 있다. 단순이자는 매달 일하고 매달 받는 월급을 뜻한다. 복리이자는 이자에 이자가 늘어나듯이, 지렛대를 이용한 레버리지 효과로 기하급수적인 성장을 하는 네트워크 비즈니스에서 회원이 회원을 늘려 늘어나는 방식과 같은 것이다.

세계적으로 과거 60년 동안 수많은 나라에서 수많은 사람들이 스펙이나 주어진 환경에 관계없이 부자가 되었고 지금도 부자가 탄생하고 있다. 그 중 상당수가 바로 이 72법칙을 이용한 네트워크 비즈니스에서 성공한 사람들이다.

혼자 100이라는 일을 한다고 하자. 2명이 나누면 각자 50씩만 하면 된다. 만약 100명이 나눈다고 하면 각각 1씩만 해도 100을 할 수 있다. 어느 쪽이 쉬운가?

혼자 100의 일을 하는 사람이 200의 일을 하려면 2배의 시간 동안 일을 해야 한다. 언제 자고 언제 밥 먹겠는가? 일만 하다 죽을 것인가? 그러나 이 일을 100명이 나누어 할 때는 각각 5씩만 해도 500이고 10씩만 해도 1,000이 된다. 이 방식은 학교에서 가르쳐주지 않는다. 그게 모든 사람들이 열심히 일하고도 그 수준으로 사는 이치다.

3. 장수시대에 옳은 방향은 평생수입을 구축해놓는 것이다

"타인의 성공을 발판으로 성공하는 사업을 구축하라."
- 폴 게티(미국 석유 재벌)

　당신이 지금 하는 일은, 나이가 들면서 치매가 오거나 관절염이 생기거나 심신이 불편해질 때 의지만으로는 더 할 수 없을 가능성이 높다. 자영업이나 전문직은 모두 여기에 해당된다. 물론 직장은 그 이전에 그만둬야 한다. 그러나 그 시기에도 당신은 지속적인 수입이 절대적으로 필요하다. 아니면 누군가의 보호를 받아야 한다. 마지막 노후를 초라하게 누군가의 보호나 받으면서 보내고 싶은 사람은 아무도 없을 것이다. 그러나 우리 사회의 구조상 모든 사람들의 노후가 보장되어 있지 않다.

　대안이 필요하다. 만약의 경우를 대비하여 일을 못할 때도 꾸준히 수입을 만들 수 있는 대안이 있다. 남의 성공을 도와 남의 성공의 크기에 준하는 보상을 받는 시스템을 찾아 구축하라. 그리고 남의 성공이 지속되도록 도와준다면 그 결과로 당신의 수입은 계속 발생할 것이다.

　한 예를 들어 보자. 미국 맥도날드 본사는 현재 119개 국가 36,615개 체인점에 기술력을 지원하고 있다. 당연히 본사는 체인점으로부터 기술료를 받고 있다(Today, McDonald's is one of the world's largest restaurant chains, serving approximately 68 million customers daily in 119 countries across approximately 36,615 outlets). 강남에 있는 맥도날드 체인점 사장은 미국 본사와 관계없이 자신의 가계를 열심히 감독하고 매출을 올린다. 그런데 그 결과 미국의 본사에는 그만큼 많은 기술료가 들어온다.

강남 체인점 사장이 나이가 많아져서 운영이 힘들면 자녀들이 대물림으로 운영할 것이고 그 결과 기술료 또한 지속적으로 들어올 것이다. 그래서 미국 맥도날드 본사 회장의 미망인은 나이에 관계없이 '누군가의 성공을 발판으로' 지속적으로 수입이 생기는 것이다.

오늘날 맥도날드의 연 매출을 감안하면 기술료 0.5가 한 해 2억 달러 이상의 수입을 가져온다. 그래서 사람들은 이런 수입을 황금알을 낳는 거위에 비유한다. 3만6,000개 체인점의 위력을 알아보자. 만약 한 체인점에서 월 매출액이 1억이고 0.5퍼센트의 기술료를 받는다면, 한 매장에서 월 50만 원이다. 3만6,000개 매장에서 기술료는 월 180억 원이고 1년에 2,160억 원이다. 즉 연 2억 불 이상의 기술료를 받는 셈이다.

네트워크 비즈니스는 맥도날드 본사가 체인점을 도와 기술료를 받는 것과 비슷한 원리를 가지고 있다. 그러나 맥도날드는 본사만 체인점을 늘릴 수 있고 지원할 수 있지만 네트워크 비즈니스 회원들은 본인이 체인점 역할과 본사의 역할을 동시에 할 수 있다.

개인이 개인을 도와 같이 매출을 극대화하고 그 이익을 같이 공유하는 것이 바로 새로운 트렌드의 윈-윈(win-win) 비즈니스인 네트워크 비즈니스다. 이 시스템의 위력을 한번 알아보자.

만약 내가 6개월에 2명의 회원을 가입시키고 그 2명에게 똑같이 6개월 후에 2명씩을 각각 회원에 가입하도록 도와주고 가르치기를 반복하여 5년이 지나면 5년 후에 총 회원은 5만 9,049명이 된다. 맥도날드가 지난 60년간 늘려온 체인점의 2배가 되는 어마어마한 개인 체인점이 단 5년 만에 이루어질 수 있는 것이다.

자세히 알아보고 도전하기 바란다. 평생수입의 꿈은 내 의지나 노력만으로 이룰 수 없다. 왜냐하면 나는 인간이고 늙어가기 때문이다. 그러나 만약 젊음을 평생 유지할 수 있는 체인망 시스템을 구축해 놓는다면 내 평생수입은 보장되는 것이다. 이것이 바로 평생수입의 대안이다.

4. 네트워크 비즈니스는 당신에게 평생수입을 구축해준다

걷는 사람 : 평생 열심히 살다가 죽는 사람, 바로 당신일 수 있다.
뛰는 사람 : 그래도 약간은 생각을 하며 살다가 죽는 사람 (전문직)
나는 사람 : 뛰는 사람들에게 월급을 주며 살다 죽는 사람 (사업가)
그 위에?
붙어가는 사람 : 대자본 기술 노하우가 있는 대기업과 더불어 상생해 가는 사람(안
정적인 미래)

 붙어간다는 것은 대자본과 경험 노하우 그리고 기술이 있는
팀에 속해 미래를 함께 더불어 준비한다는 의미다. 혼자 가지
않고 큰 자본과 함께하기에 미래가 더 안전할 수밖에 없다.
 붙어간다는 것은 앞서가는 시스템을 따라간다는 뜻이기도 하
다. 미래는 급변한다. 개인이 아무리 노력해도 미래에 직면할
모든 어려움이나 난관을 헤쳐나가기는 쉽지 않다. 개인들이 자
본과 기술과 노하우가 있는 대기업을 따라가면 좀 더 안전하게
갈 수 있다.
 개인의 경험이나 능력만 믿고 스스로 자영업이나 소자본 스
타트업을 했을 때 경쟁에서 이기고 끝까지 생존할 가능성은 과
연 얼마나 될까? 이런 이유로 좋은 대기업과 상생하는 편이 낫
다고 보는 것이다.
 당신이 네트워크 비즈니스를 한다면 당신이 속한 그 회사는

당신의 아바타로서 당신을 대신하여 대자본, 앞선 기술, 다년간의 경험과 노하우 그리고 수많은 연구원과 직원들이 당신의 미래를 준비하고 당신 사업에 도움을 주며 당신이 성공할 수 있도록 당신의 미래 평생수입 구축에 필요한 모든 일을 도와줄 것이다. 이것이 이 사업이 당신에게 주는 최고의 혜택이다.

생필품을 바꿔 쓰고 이웃에게 그 제품을 쓰도록 알리고 가르치기만 하면 인맥 네트워크가 구축되고 그 시스템을 통해 평생수입이 나오는 것이다.

5. 기회는 뒷머리가 대머리다

되돌아오지 않는 것은 당긴 화살, 뱉은 말 그리고 놓친 기회다. 기회는 앞에서 잡을 수는 있으나 뒤에서 따라잡을 수는 없다. 왜냐면 앞머리만 있고 뒤는 대머리이기 때문이다. 대머리를 잡을 수 있겠는가?

돈 흐름의 속도는 일반 사람이 따라잡기는 어렵다. 정보와 돈을 가진 사람이 이미 그 자리를 차지하고 있기 때문이다.

기회는 누구에게나 찾아온다. 기회가 없어서 잡지 못하는 것이 아니라 기회를 알고도 놓치는 경우가 더 많다. 기회를 잡고 싶으면 기회에 집중하고 또 집중하라. 기회를 잡을 때는 호랑이 같이 하라. 호랑이는 비록 토끼를 사냥할 때도 자신의 온힘을 집중하여 사냥을 한다고 한다.

기회에도 내성이 있다. 결과가 늦어지면 다른 이유나 핑계가 당신의 마음속에서 악마로 변해 이 비즈니스에 대한 불평과 불만 그리고 안 해야 하는 이유들이 수 없이 당신의 상상 속에 떠오르게 할 것이다.

그 악마를 이기려면 빠르게 결과를 내도록 초집중해야 한다. 그러면 어떤 악마도 당신의 그 멋진 삶을 더 이상 그만두게 할 수 없다. 조그만 것일지라도 결과를 더욱 빨리 내라. 그게 당신이 기회를 빼앗아가는 악마를 이기는 최고의 해결 방법이다.

네트워크 비즈니스는 개인의 미래를 원하는 방향으로 바꿀 수 있는 비즈니스이지만 시작은 대부분 본 직업을 갖고 병행하기 때문에 주로 퇴근 후에나 주말에 자투리 시간을 이용해서 하는 경우가 많다. 이때 과거의 모임들을 지속하고 가족과 평소처럼 주말을 즐기고 가족의 눈치를 살피면서 사업을 한다면 기회 잡기는 어려울 것이다.

나는 처음 시작할 때 몇 가지 결단을 해야 했다. 한번은 정기적으로 집에서 하는 미팅과 그리고 친구들과 제주도로 여행 가는 일성이 겹쳤다. 1년 선부터 총무 세좌로 경비를 송금하여 노은 회비로 가는 여행이라 부부 동반 공짜 여행이었다. 그리고 세미나는 매주 일요일에 반복적으로 몇 사람이 모여서 집에서 작게 하는 비즈니스 모임이라 남들이 보기에 그리 중요하지는 않았다. 그러나 나는 제주도 가는 것을 포기하고 일요일에 집에서 하는 소모임에 참석했다. 성공은 벽창호다. 타협을 허락하지 않는다.

나는 많은 사람들이 진정으로 성공의 법칙을 이해하길 바란다. 결과를 수반해야 진정한 성공이다. 결과가 없는 노력은 과정일 뿐이다. 결과가 마음에 들지 않으면 과정을 바꾸어야 한다. 5년 전의 삶과 현재의 삶에 차이가 있는가? 또한 5년 후에 삶의 변화를 희망할 수 있는가? 현재가 달라지지 않으면 미래도 달라지지 않는다.

과거에 대기업에서 근무자는 퇴직금으로 노후생활이 가능했다. 그리고 1960년대 평균 수명이 57세기 때문이다. 현재는 장수시대 평균퇴직이 53세 이며 퇴직금으로 살기에는 노후가 어렵다. 미래는 로봇에게 직업을 잃고 있다. 로봇은 치약을 팔 수 없다. 즉 미래는 세일이 블루오션이다. 그리고 장수시대는 평생 나오는 수입시스템이 필요하다. 꾸준히 소비자 그룹을 구축해야만 답이 된다.

네트워크 비즈니스는 누구나 할 수 있다

네트워크 비즈니스란 기존의 중간 유통 단계를 배제하여 유통 마진을 줄이고 관리비, 광고비, 샘플비 등 제비용을 없애 회사는 싼값으로 소비자에게 직접 제품을 공급하고 회사 수익의 일부분을 소비자에게 환원하는 시스템이다.

네트워크 비즈니스는 프로 세일즈맨이 아니라 보통 사람이 하는 사업으로 끊임없이 소비자를 찾아 판매하여야 하고 매월 새로 실적을 쌓아야 한다. 그러나 네트워크 비즈니스는 일단 소비자 그룹이 형성되면 제품의 우수성으로 인해 재구매가 계속 일어나게 되고 기존 소비자가 주위에 자기가 사용하는 제품의 우수성을 이야기하는 과정에서 자연스럽게 새로운 고객을 소개받게 되어 매출이 신장된다.

여기서 제품을 써보고 좋아서 다른 사람들에게 소개하는 사람 대부분이 사업자가 된다. 제품은 대부분 소매로 판매한다. 직접 물건을 사서 써본 사람들은 그 경험을 지인들에게 광고하기 때문에 중요하다. 그 지인이 물건을 구매하는 순간 소비자였던 사람은 동시에 사업자가 된다.

네트워크 비즈니스는 처음에는 제품을 판매하나 나중에는 소비자를 관리하게 된다. 네트워크 비즈니스에서는 자기가 전달한 회원과 그 회원들이 전달한 전체 회원들에 의해 구매된 전 매출에 대해 회사가 보너스를 지급한다. 그러므로 보너스를 받기 위해서는 회원들이 제품을 애용해야 한다.

회원을 아무리 많이 가입시켜도 매출이 없다면 보너스가 나오지 않는다.

이것이 피라미드와 근본적으로 다른 점이다. 네트워크 비즈니스는 처음에는 수입이 적으나 일정 기간이 지나 자기의 그룹이 형성되고 매출이 늘어나면 지속적으로 일정한 수준의 수입이 매달 월급처럼 들어온다.

일반판매는 자기가 직접 많이 팔아야 수입이 생긴다. 처음에 사업을 시작할 때는 주로 잘 아는 사람에게 팔게 된다. 시간이 지나면 모르는 사람에게 판매를 해야 하는데 이때부터 벽에 부딪혀 사업의 기로에 서게 된다. 이 벽을 뛰어 넘는 사람은 프로 세일즈맨이 되지만, 보통 사람은 대부분 벽을 넘지 못하고 포기하는 경우가 많다.

그러나 프로 세일즈맨이 아닌 보통 사람들도 할 수 있는 시스템이 바로 네트워크 비즈니스다. 이 비즈니스의 특별한 특징들이 몇 가지가 있다.

1. 무자본으로 자영사업을 할 수 있다

소규모 자영업을 하려고 해도 작게는 수천 만 원, 많게는 수십억 원의 기본 자본이 필요하다. 그러나 이 비즈니스는 약간의 제품을 구매할 수 있는 정도의 돈만 있어도 시작이 가능하다.

투자된 자본이 없으니 설령 그만둔다고 해도 경제적으로 피해를 입지 않아 위험부담이 없는 'No Risk' 비즈니스다. 요즘은 조기 정년으로 재취업이 어렵다보니 퇴직금을 밑천 삼아 자영업에 뛰어드는 사람들이 많다.

퇴직금을 쏟아 부은 자영업이 실패하면 온 가족들이 경제적인 고통을 받게 된다. 그러나 이 비즈니스는 자본을 투자하지 않으니 손해볼 일도 없다. 게다가 90일 동안 제품을 사용해보고 마음에 들지 않으면 반품할 수 있는 제도도 마련되어 있다. 따라서 재고 부담이 없다.

2. 특별한 자격이나 학력이 필요 없고 무경험자도 할 수 있다

일반 기업에 취업하기엔 많은 스펙이 필요하고 자영사업은 사업 경험 노하우가 필요하고 전문직은 자격증이 필요하다.

그러나 네트워크 비즈니스는 어떤 자격이나 학력도 필요 없다. 경험이 없어도 괜찮다. 사람은 누구나 생필품을 쓴다. 생필품은 늘 쓰지 않으면 안 되는 삶의 필수품이다. 따라서 평소에 생필품을 사용해왔던 경험을 기본으로 제품의 품질이나 가격을 알아볼 수 있다. 그러니 누구나 쉽게 이 사업을 시작할 수 있다.

이 사업의 특징은 나이, 성별, 학력, 인종, 그 어느 것 하나도 평가하지 않고 오직 개인의 시간적인 노력에 의해 보상을 얻는다는 점이다. 누구나 노력한 만큼 보상받고 싶어하지만 직장에서는 노력한 만큼 보상을 주지 않는다. 이 비즈니스는 본인이 노력한 만큼 보상해준다.

3. 가족 사업으로 할 수 있다

철학자 칸트는 행복에 대해 "할 일이 있고, 사랑하는 가족이 있고, 희망이 있다면 그 사람은 지금 행복한 사람이다"라고 했다.

이 비즈니스는 나이, 남녀 성별, 출퇴근 등의 제한이 없기 때문에 가족 중 누구라도 먼저 시작할 수 있다. 가족 중 한 사람이라도 네트워크 비즈니스의 개념을 이해하고 꾸준히 해나간다면 언젠가는 가족 모두 함께 하는 날이 올 수도 있다.

요즘은 가족이라도 해도 함께 시간이 나지 않아 하루에 한 마디도 주고 받지 않는 가족들이 많다. 이 사업은 가족들이 마음을 합쳐 함께 이야기도 하고 시간을 공유할 수 있는 기회가 많이 생겨 가족끼리 소통의 기회도 많아진다.

4. 상속이 된다

평생 가업으로 할 수 있는 사업이다. 이 사업은 인적 네트워크를 구축하고 그 구축된 시스템의 회원들 중에 매월 이 비즈니스로 벌어들인 수입이 개인 월급보다 많아지면 회사를 퇴직하고 드디어 아침 출근 전쟁에서 해방되고 이 비즈니스를 본업으로 할 수도 있다. 본업을 선택한 회원은 자기 의지와 관계없이 이 사업을 통해 가족의 생활비를 과거의 월급처럼 매달 나오게 해야 하기 때문에 비즈니스 성장을 위해 최선을 다한다.

이처럼 이 비즈니스를 통해 월급보다 더 많은 수입이 들어오도록 도와주면 그들은 어느 정도 성공한 후에 스스로 자기 자신의 더 큰 성공을 위해서 이 사업을 본업으로 열심히 성장시켜 나간다. 그 결과 정년이 없는 평생수입의 시스템이 구축되며 가족 한 사람을 이 구축된 시스템의 상속자로 선정해 회사에 통보하면 회사에서는 내가 지정한 상속자에게 자동으로 상속을 시켜준다. 이런 시스템 속에서 이 비즈니스는 자손 대대로 (미국의 경우 이미 5대까지) 상속이 되고 있다.

내가 아는 한 지인은 지체부자유한 자녀를 위해서 이 비즈니스 시스템을 열심히 구축하고 있다. 이 사업을 잘 구축하여 그 자녀에게 고스란히 상속시켜주기 위해서다.

5. 부업으로 시작할 수 있다

가족의 생활비를 지속적으로 벌어야 가족이 먹고살 수 있다. 본업을 열심히 하고 부업으로 새로운 것을 한다면 가족들의 생활에도 지장이 없다. 그런데 회사를 다니면서 부업으로 할 수 있는 일이 흔하지 않다. 네트워크 비즈니스는 '간단하지만 쉽지는 않다(Simple but not Easy)' 는 원리만 잘 이해하면 본업을 하면서도 할 수 있다. 친구들과 점심식사를 하면서도 저녁에 술 한잔하면서도 인적 네트워크를 넓혀갈 수 있다. 왜냐면 친구나 지인들에게 좋은 정보이며 게다가 이익이 되는 일이기 때문이다. 또한 약간 성취가 늦어도 가족의 생활에는 지장이 없다. 본업에서 나오는 월급으로 가족들의 생활이 가능하기 때문이다.

6. 용돈 정도로 시작하여 직장 월급 몇 배의 평생수입이 가능하다

자본 없이 시작하기 때문에 처음에는 성장의 속도가 느리다. 그러나 복리로 늘어나는 회원이 회원을 늘리는 시스템이라 혼자 죽도록 노동하는 것과는 속도가 완전히 다르다. 어느 순간에 기하급수적으로 팽창하고 매출도 기하급수적으로, 그리고 수입도 기하급수적으로 늘어난다. 처음에 눈송이를 뭉쳐 굴리기는 어렵지만 눈송이가 커지면 더 많은 눈을 쉽게 많이 뭉치게 하는 원리와 같다. 나는 8개월이 지나 용돈 정도의 수입이 들어 왔지만 2년 후에는 월급의 두 배가 들어오기 시작했다. 이때 드디어 회사를 당당하게 나올 수 있었다.

7. 배경이나 인맥이 필요 없다

실력이 월등히 뛰어난데도 인맥이 없어서 승진에서 누락이 되거나 누군가가 학연이나 지연으로 끼어들어 당신의 승진 순번을 가로챈다면 당신은 억울할 것이다.

이 비즈니스는 인맥이나 학연 지연 때문에 당신의 자리를 빼앗기지 않는 시스템으로 되어 있다. 여기서는 열심히 하면 모든 노력이 결과로 돌아온다. 여기서는 상사도 부하직원도 없이 오직 같은 수준의 비즈니스 파트너가 있을 뿐이다. 만약 전 직장에서 상사에게 많은 스트레스를 받았다면 여기서는 당신이 주인이고 당신이 1인 CEO이다. 당신은 자신의 능력으로 이 사업을 크게 키울 수 있다.

8. 회사가 회원을 모집하지 않는다

회사는 오직 제품을 회원들에게 공급해주는 역할을 할 뿐이다. 유통에 관련된 모든 일은 회원들이 하고 그 유통 마진 35퍼센트를 모두 회원들이 나눠 갖게 된다. 즉 회사는 회원들에게 직거래할 수 있는 일종의 총판권을 부여해주는 것이다.

이 비즈니스에서 판매되는 제품들은 백화점이나 대형 할인마트 그리고 소규모 편의점에서 유통되지 않는다. 전 제품에 대한 모든 판매권은 오직 그 회사에 소속되어 있는 회원들에게만 부여한다. 따라서 기존에 대리점을 운영하는 대기업들이 그 대리점을 없애고 이 네트워크 비즈니스로 전환하기가 쉽지 않다. 그래서 네트워크 비즈니스는 우리처럼 평범한 모든 개인들의 것이다.

9. 세계적으로 인적 네트워크를 구축할 수 있다

지금은 세계가 하나다. 유통도 마찬가지다. 네트워크 비즈니스의 또 다른 매력은 전 세계 어느 나라든 이 회사가 진출한 국가에서는 그 진출한 국가 사람들과 이 비즈니스를 함께 할 수 있다는 것이다.

만약 친구가 일본이나 미국이나 중국에 있다면 당신은 그 친구들에게 이 비즈니스를 전달하고 그 친구의 친구들과 함께 당신의 인적 네트워크를 글로벌하게 성장시킬 수 있다.

무역에 대해 무지해도 상관없다. 당신이 속한 회사가 당신이 다른 나라에서 사업을 할 수 있도록 인프라를 미리 다 갖추어놓기 때문이다. 회사는 나를 위해 모든 걸 준비해놓았다. 회원들은 시간이 허락할 때 그 나라에 가서 이 정보를 그 나라 사람들에게 전달하고 그 나라에 있는 회사에 도움을 청하면 된다. 그 후 그 사람들에 의해서 그 나라에 당신의 네트워크가 커지고 매출이 커지면 매출 대비 수입이 한국에 있는 당신에게 매달 들어오게 된다. 누구나 글로벌 비즈니스의 CEO가 될 수 있다. 나아가 당신이 글로벌 비즈니스 CEO를 만들어낼 수도 있다.

10. 네트워크가 구축된 후에는 병원에 입원해 있어도
    수입이 계속 나온다

개인적인 사정으로 오랫동안 병원에 입원을 하거나 외국에 장기간 출장을 가거나 해서 이 비즈니스를 더 이상 할 수 없는 경우에는 어떻게 될까? 당신이 이미 만들어 놓은 네트워크의 회원들이 물건을 구매하고 당신의 기존 회원들이 스스로 새로운 회원들을 늘리면 당신의 매출은 지속적으로 증가되고 그에 준한 수입은 계속 증가해서 나오게 된다. 누구라도 이런 인세 수입을 원할 것이다.

미국에서 성공한 버니스 한센은 60세가 되었을 때에 정부에서 연금이 나오자 그 연금을 다시 봉투에 넣어 편지와 함께 돌려보냈다고 한다. 자기는 평생 네트워크 사업에서 돈이 나오기 때문에 자신보다 돈이 필요한 사람들에게 주라는 내용이었다.

이 사업의 특징은 내 몸이 불편해지고 정신이 오락가락해도 젊어서 인적 네트워크만 잘 만들어 놓으면 그 네트워크에 소속된 회원들은 젊고 2세들이 증가하기 때문에 늘 젊은 시스템으로 유지된다는 것이다. 평생 사람들과 신뢰를 쌓고 유지하면 평생 수입이 100세가 되어도 들어온다.

11. 상사가 없다

직장인들의 가장 큰 스트레스는 일이 아니라 인간관계일 경우가 많다. 그 중에서도 상사와의 관계가 가장 어려운 부분이고 스트레스도 가장 많다. 그러나 이 사업에서는 스트레스를 주는 상사가 없다. 나의 성공을 도와주는 멘토가 있을 뿐이다. 이 사업에는 상사의 개념이 없다. 동등한 팀원으로 상호 존중하며 사업 성장을 서로 도와줄 뿐이다.

작가이며 노벨경제학자인 폴 제인 필저 박사는 이 사업의 특징을 아래와 같이 표현했다.

"당신이 성공하는 유일한 방법은 다른 사람들이 성공할 수 있도록 도와주는 것이다(You only win when you help others win)"라고 했다.

07 성공한 리더들의 라이프스타일, 이제 당신 차례다

짐 존스, 줄리 존스 부부(Jones, Jim & Julie)

Jim and Julie Jones enjoyed a lifestyle. His income was in the top 5% of all Florida attorneys. "It's a great life," Jim says. "We enjoy the income of more traditional professions, but we have total freedom. Frankly, I know a lot of lawyers who want to be Diamonds, but I don't know one Diamond who wants to be a lawyer!" With Jim and Julie, "keeping up with the Joneses" seems like a perfect idea.

짐과 줄리 존스 부부는 삶을 즐기면서 살고 있다. 남편은 미국 플로리다 주에 있는 변호사들 중 수입 상위 5퍼센트 안에 들 정도로 높다. 짐은 변호사 수입보다도 네트워크 비즈니스의 수입으로 대단한 삶을 살고 있다. 시간적으로 자유롭기 때문이다. 짐이 알고 있는 이 비즈니스의 많은 성공자들 중에 변호사 직업을 원하는 사람은 하나도 없지만, 그가 알고 있는 변호사들 중에 이 비즈니스의 성공자 라이프 스타일을 원하는 사람은 아주 많다. 짐과 줄리 존스 부부는 이 비즈니스가 부자를 따라잡는 가장 완벽한 수단이라고 말한다.

1. 머니 리치(Money Rich): 빚이 없고 경제적으로 자유로워진다

생필품을 기본으로 성장하는 비즈니스이기 때문에 불경기가 없다. 평생 모든 가족들이 생필품을 사용하며 한번 소비자 네트워크가 구축이 되면 그 결과 생기는 수입은 매달 증가되고 평생 나오며 결국 상속이 된다.

돈의 노예가 아니라 돈의 주인으로 살아야 한다. 경제사회를 살고 있는 우리에게 돈은 넉넉해야 한다. 솔직히 말해 돈의 필요성을 못 느낄 만큼 많아야 한다. 돈이 행복의 충족조건은 아닐지라도 최소한 돈 때문에 내가 하고자 하는 바를 포기하지 않아야 한다. 돈이 많으면 경제적인 자유가 주어지고 자신이 하고자 하는 바를 할 수 있는 길이 더 넓게 열린다.

2. 타임 리치(Time Rich): 시간이 자유로워진다

나는 회사를 다니면서 부업으로 네트워크 비즈니스를 했다. 처음에는 회사가 끝난 뒤 저녁 늦게, 그리고 주말에도 쉬지 못하고 일하느라 점점 더 바빠져서 힘들었다. 그러나 부업을 시작하고 2년이 지나 회사를 그만두고 이 비즈니스만 하게 되었다.

아침에 일찍 일어나 출근 전쟁을 치르지 않아도 되는 삶이 되면서 나를 바쁘게 만든 일은 바로 회사 출근이었다는 것을 깨달았다.

이 비즈니스의 핵심은 성공하려고 노력하는 사람을 도와 성공하게 하는 것이다(It's people helping people help themselves. That is the heart of the network business). 따라서 도움을 받은 사람들이 성공자가 되어 스스로 일을 잘해 나갈 때, 더 이상 그를 도와주지 않아도 될 때, 그들을 도와준 사람은 시간으로부터 점점 자유로워진다. 비즈니스는 점점 더 커져가고 일의 양은 줄어들며 수입이 많아지고 자유로운 시간은 많아진다. 즉 자녀들이 장성하여 가정을 이루고 분가를 하면 부모의 시간은 더욱 자유로워지는 것과 같다.

돈은 많지만 여가를 즐길 시간이 없고 가족이나 소중한 사람들과 함께 보낼 시간이 없다면 무슨 소용일까? 우리는 내가 하고자 하는 바를 하고, 소중한 사람들과 많은 시간을 보내기 위해서 돈을 번다.

결국 돈을 버는 이유도 행복한 순간을 누릴 시간을 얻고자 함이니, 시간적으로 여유롭지 않다면 진정한 부자라고 할 수 없다. 반쪽 부자에 불과하다. 마냥 할 일이 없어 시간이 남아도는 사람은 자유로운 사람이 아니라 백수이다. 적당하게 할 일이 있고 스스로 주인이 되어 자기시간을 자기 마음대로 계획하고 실행하는 사람이 진정으로 자유로운 사람이다.

3. 프렌드 리치(Friend Rich): 친구가 많아진다

사람은 사회적인 동물이다. 언제나 대화를 할 수 있는 친구가 있어야 한다. 이 비즈니스는 반복적으로 새로운 사람들과 인간관계를 만들어가며 새로운 비즈니스 친구를 늘려가는 특성을 가지고 있다. 나이가 다르고 성별이 다르고 사는 도시가 달라도 같은 그룹에 소속되면 매주, 매월, 매년 반복적으로 비즈니스 모임에서 인사를 나눈다. 그 결과 인적 네트워크가 넓어지며 맨파워의 힘을 갖게 된다. 또한 세계적으로 인적 네트워크를 키워갈 수 있다.

이 비즈니스는 상호 경쟁하지 않고 서로 이익을 공유하는 상생의 관계이기 때문에 시간이 흘러갈수록 그룹이 더욱 커진다. 또한 몇 년이 지나면 초등학생이었던 자녀들이 대학생이 되고 사회인이 되면서 이 비즈니스를 통해 인맥의 폭이 넓어진다.

4. 매년 해외여행의 기회가 있다

명품 가방이나 옷을 사면 1주일 정도 기쁘지만 여행을 다녀오면 그 기쁨이 평생 간다고 한다. 모두 다 여행을 가기 원하지만 시간과 돈 그리고 상황이 맞아야 갈 수 있다.

나는 네트워크 비즈니스를 시작한 뒤 수없이 해외여행을 다녀왔다. 유럽은 러시아, 노르웨이, 스웨덴, 덴마크, 독일, 오스트리아, 헝가리, 폴란드, 체코, 벨기에, 네덜란드, 영국, 프랑스, 스페인, 이탈리아, 스위스, 슬로바키아, 터키, 그리스를 다녀왔다. 그리고 알래스카, 밴쿠버, 휘슬러 스키장, 캘거리, 밴프, 나이아가라 폭포, 뉴욕, 시카고, 미시건, 시애틀, 옐로스톤 국립공원, 샬롯, 플로리다, 라스베이거스, 그랜드 캐년, 샌프란시스코, 하프문 베이, 하와이, 멕시코 캔쿤, 푸에르토리코 버진아일랜드, 일본 삿포로, 도쿄, 오사카, 오키나와, 뉴질랜드 남섬 북섬, 호주 시드니, 골드코스트, 멜버른, 퍼스, 케언스, 인도네시아 발리, 말레이시아 코타키나발루, 쿠알라룸푸르, 랑카위섬, 필리핀, 베트남, 홍콩, 중국 베이징, 상하이, 난징, 광저우, 선전, 칭다오, 하얼빈, 선양, 목단강, 진안, 시안, 옌지, 타이완, 태국 방콕, 파타야, 푸켓, 치앙마이 등을 수없이 많이 반복해서 다녀왔다.

5. 명예를 얻게 된다

남을 도와 성공하는 시스템이기 때문에 평생 남을 도와서 그 사람들이 성공할 수 있도록 시간과 돈을 투자한다. 따라서 누군가의 도움으로 성공하여 시간과 경제적 자유를 얻은 성공자들은 자기의 성공에 지대한 영향을 준 은인에게 무한한 감사를 표하고 평생 고마워한다. 이 비즈니스에서 어느 정도 많은 사람들을 성공시킨 리더가 무대에 나오면, 그가 도와 성공한 사람들을 대신하여 존경의 표시로 모든 사람들이 그에게 기립박수를 한다. 또한 성공자는 그의 이름을 그 회사에 영원히 남긴다. 그 후에 이 비즈니스를 시작하는 많은 사람들에게 전설적인 성공의 사례가 되어 자손대대 그의 이름과 그에 대한 이야기가 회자되기도 한다.

6. 리더십을 배우게 된다

누구나 처음부터 리더가 되지는 않는다. 이 비즈니스에서도 처음부터 리더가 만들어지는 것은 아니다. 이 비즈니스를 하면서 배우고 익히고 다른 사람들에게 가르치면서 자기도 모르게 리더십이 축적된다. 학교에서 배우지 못한 스피치 능력이 성장하며 자신의 그룹이 커지는 과정에서 사람들의 꿈과 목표를 찾게 하고 이루게 해준다. 리더십을 배우고 실천하여 그룹을 이끌게 된다. 사람의 마음을 움직이는 방법을 알게 되고 개인의 성향에 맞게 대처하는 능력도 갖게 되어 사회생활을 슬기롭게 해나갈 수 있게 된다.

리더십이란 다른 조직원들을 내 뜻대로 끌고 나가는(leading)

능력이 아니다. 진정한 리더십은 조직원들이 자율적으로 창의력을 발휘하고 다른 조직원들과 협력하여 더 낳은 성과를 달성할 수 있도록 돕는 영향력이다.

7. 출퇴근이 없다

　직장인이라면 누구나 전날 과로하고도 다음 날 출근을 해야할 때, 가족이 아파서 병원에 가야 하는데 출근을 해야 할 때, 부모님이 시골에서 오셨는데 출근을 해야 할 때, 자녀들이 학교에서 개인 발표를 하는 날 출근을 해야 할 때 등 출근을 하면서도 한편으로 마음이 무거울 때가 많을 것이다.

　만약 당신이 일하는 시간을 스스로 정하고 변경할 수 있다면 이런 고민은 할 필요가 없다. 이 사업은 기본적으로 자기 시간을 자기 스스로 자유롭게 조정할 수 있도록 되어 있다. 예를 들면 저자는 미국 시카고, 미시간 그랜드 래피즈, 라스베이거스 그리고 그리스 산토리니를 다녀왔다. 그때 '라운드 티켓'이 아닌 '원웨이 티켓'으로 지구 반대인 대서양을 돌아 세계일주 여행을 했다. 거의 한 달 동안 여행을 하고 한국에 돌아왔는데 그 달 매출이나 수입은 오히려 늘어났다. 왜냐면 사업 파트너들이 모두 한국에서 살고 있고 그들이 생필품을 필요에 의해 재구매해서 사용하기 때문이다. 그동안 이 사업 시스템을 크게 구축해 놓았기 때문이기도 하다.

세계적인 부호 디루바이 암바니는 "만약 당신이 스스로 당신의 꿈을 이루려고 하지 않으면, 당신은 누군가의 꿈을 이루어 주기 위해 그 사람에게 고용될 것이다(If you don't build your dream, someone else will hire you to help them build theirs.)"라고 했다. 이 사업은 당신이 시간으로부터 완전히 독립할 수 있는, 당신의 꿈을 이루는 도구가 될 것이다.

네트워크 사업에는 두 가지가 있다. 하나는 장사이고 하나는 사업이다. 장사는 제품을 파는 것이고 사업은 회원 소비자가 스스로 구매해서 사용하게 하는 것이다. 장사는 결과가 바로 나오고 사업은 투자한 후에 천천히 나온다. 장사의 목적은 사업가를 찾기 위한 씨앗뿌리기이다. 씨앗을 많이 뿌린 후에 튼실한 열매가 맺도록 가꾸는 것이다. 매출에 목표를 주는 것은 장사이고 회원소비자 수에 목표를 두는 것은 사업이라 할 수 있다.

08 네트워크 비즈니스의 성공법칙

사회적인 성공과 네트워크 비즈니스의 성공은 다르다. 사회적인 성공은 다른 사람을 이겨야 가능하지만 네트워크 비즈니스의 성공은 다른 사람을 성공시켜야 가능하기 때문이다. 당신이 그동안 사회에서 익힌 성공 습관으로 네트워크 비즈니스를 시작한다면 약간의 성공은 이룰 수 있으나 크고 지속적이면서 영원히 유지되는 성공은 이루기 어렵다. 우리들 대부분은 삶의 경험을 통해 경쟁사회에서 나 홀로 성공하는 방법에 익숙해져 있다. 그러나 네트워크 비즈니스에서는 타인을 성공시킨 후에 당신의 성공이 얻어진다. 즉 사회의 일반적인 성공은 남보다 경쟁에 앞서서 내가 먼저 성공하는 게임이고, 네트워크 비즈니스는 남을 일으켜세워 그를 먼저 성공시키는 게임이기에 성공 노하우가 따로 있다.

1. 잘 배워 시작한다

수박은 무슨 색일까? 보통은 겉만 보고 파랗다고 할 것이다. 잘 익은 수박을 쪼개 보면 겉과는 완전히 다른 붉은색이 나온다. 겉만 보고 속까지 판단하면 안 된다. 사회의 선입견으로 네트워크 비즈니스를 생각하지 마라. 네트워크 비즈니스의 본질이 무엇인지를 충분히 이해하고 배워야 한다. 나를 변화시키는 게 먼저다.

나 자신을 변화시키는 일을 하라. 그동안 살아오면서 타인과 싸워 이기는 경쟁심을 길렀다면 이제부터는 타인을 도와 그 사람이 스스로 성공하도록 안내하고 도와주며 끝까지 그와 윈-윈하는 성공 노하우를 배우고 실천해야 한다.

이 방법은 독특해서 익숙하지 않을 수 있다. 이 방법으로 성공하고 싶다면 이 사업에서 이미 성공한 방법을 따라 그와 같은 습관을 만들어야 한다.

사람이 책을 만들지만 결국 책이 사람을 다시 만든다. 즉 네트워크 비즈니스에서 추천하는 책 읽기, 성공한 사람들의 스토리 CD 또는 음원 듣기, 세미나 참석하기 그리고 회사와 제품에 대해 구체적인 정보와 지식 그리고 제품 사용 경험을 익히고 그 경험을 전달할 수 있어야 한다.

책 읽는 습관을 매일 조금씩 늘려나가라. 처음 시작할 때는 아무 책이나 읽고 글자와 친해져라. 그리고 책을 읽어도 지루하지 않으면 이때부터 성공 관련 책을 보기 시작해라. 인간의 뇌는 갑작스런 행동 변화를 위험 신호로 인식하기 때문에 새로운 습관을 거부한다. 그래서 새로운 변화가 지속되기 어렵다. 따라서 새로운 변화를 시도하기 전에 먼저 뇌의 위험 신호를 속여야 한다. 즉 책 읽는 것도 처음에는 3쪽 이상 읽지 말고 조금씩 늘려가는 게 좋다. 걷기도 처음부터 무리하게 많이 걷지 말고 운동장 한 바퀴 정도를 도는 것이다. 뇌를 속이는 일로 매일 하나씩 변화를 주면 하나하나가 모여 언젠가는 원하는 목표를 이루게된다. 즉, 차근차근 해나가야 한다.

매해 첫날 수많은 사람들이 새로운 변화의 결심을 한다. 그러나 95% 이상의 사람들이 이 새로운 시도에 성공하지 못한다. 결심의 크기가 너무 크기 때문이다. 따라서 실패할 수 없을 정도로 작은 결심을 선택하면 반드시 성공할 수 있다. 의지력만으로 새로운 습관을 만들 수는 없다. 의지가 아니라 올바른 전략이 필요하다. 그 전략은 바로 얼마나 크기가 작은 새로운 변화를 선택하느냐다. 성공한 사람들이 추천하는 책, CD, 교육에서 지속적으로 성공의 노하우를 익히고 작은 행동의 변화를 반복하면 언젠가는 좋은 결과가 자연히 따라오게 된다.

2. 성공 시스템에 익숙해질 때까지 잘 배운다

"시스템이 있으면 평범한 사람들도 비범한 결과를 얻게 된다. 시스템이 없으면 비범한
사람들이라도 평범한 결과조차 얻기 어렵다."
-마이클 거버(작가, 마이클거버컴퍼니 창립자)

자신을 변화시키고, 이 변화를 같이할 리더를 찾는 방법을 배
워라. 내가 성공하기 위해서는 누군가에게 책을 빌려주고, 성공
자의 스토리 CD 또는 음원을 빌려주고, 세미나에 초대하고, 제
품에 대한 정보 전달을 잘해야 한다. 그에 대한 성공 방법을 성
공자와 상담하고 노하우를 반복해서 계속 배워야 한다.

성공자의 경험을 존중해야 한다. 예를 들면, 골프는 정지된 공
을 원하는 방향으로 보내는 경기다. 즉 정지된 골프공은 공의
의지에 상관없이 공을 치는 사람의 방향에 따라 앞으로 나간다.
이와 같이, 치는 사람의 방향으로 나가는 공을 원하는 곳으로
보내기 위해서는 골프선수로부터 기본적인 방법과 필드 레슨을
배워야 한다.

그런데 사람들은 자신의 의지와 또 자기만의 생각들이 있어
내가 원하는 방향을 알려줘도 그 방향으로 가지 않고 자기 생각
에 따라 움직인다. 이런 사람들의 생각과 행동을 내가 원하는
방향으로 가도록 하려면 더 많은 노력과 노하우가 필요하다. 너

무나 많은 변수와 대응법이 있기에 이 비즈니스에서 먼저 성공한 사람의 경험이 아주 소중한 노하우가 되는 것이다.

땅 속에 묻는 하수관은 땅 위에 표시를 해두어야 찾아낼 수 있지만 살아있는 씨앗은 별다른 표시를 해두지 않아도 찾아낼 수 있다. 반드시 움을 틔우기 때문이다. 내가 배운 진실이 살아있는 것이라면 어느 때이고 내 삶 속에서 되살아날 것이 분명하다. 모래나 씨앗은 겉보기에는 비슷하다. 그러나 모래는 생명이 없고 씨앗은 생명이 있다. 가치의 판단은 겉모양의 크기나 꾸밈에 있지 않다. 그 진실에 두어야 한다.

네트워크 비즈니스의 성공법은 남을 먼저 성공시키는 것이다. 그러나 사회에서는 남을 이겨야 성공한다. 그 사회의 버릇이 오랫동안 이 사업에 방해가 된다. 일반 사회에서 남을 이기는 방법을 보자. 변호사를 찾아온 한 남자가 "판사님에게 오리 한 마리를 보냈다"고 했다. 그 말을 들은 변호사는 깜짝 놀라며 말했다. "청렴하기로 이름난 그 판사님이 뇌물을 바친 죄까지 더해 당신에게 불리한 재판을 할 겁니다." 그러자 그 남자는 "그래서 소송을 걸어온 상대방의 이름을 썼지요"라고 했다. 이것이 일반 성공법칙이다. 상대방을 구렁텅이에 넣는 방법이다. 그러나 네트워크 비즈니스에서는 반대로 행동을 해야 성공한다. 즉 상대방이 성공해야 나도 따라서 성공한다.

3. 성공한 사람과 동행하여 그를 모방한다

성공한 사람과 동행하여 모방하는 것은 골프를 처음 시작할 때 프로와 필드에 나가는 것과 같다. 최고의 학습은 성공자를 통한 학습이다. 성공한 사람이 하는 행동을 내 기준으로 평가하지 마라. 성공한 사람은 그동안의 경험을 바탕으로 수많은 상황에 최적의 행동을 하기 때문에 초심자의 눈에는 맞지 않을 수도 있다. 그러나 아이러니하게도 그 맞지 않게 느껴지는 것이 바로 성공자의 노하우다. 그 점을 익히고 배우는 데 집중해야 한다.

성공한 사람이 다 해주기를 바라지 마라. 동행해서 배울 것은 결과가 아니라 바로 성공한 사람의 노하우와 지혜. 성공한 사람과 동행할 때는 언제나 배우는 자세로 약속을 꼭 지키며, 어떤 상황에서도 핑계를 대지 말아야 한다.

성공이 제일 싫어하는 파트너는 핑계다. 즉 'Success is No Excuse' 이다. 해야 될 이유만 찾아야 한다. 그리고 끊임없이 질문하고 그 질문에 대한 답을 잘 배우고 익혀 바로 행동하라. 언제나 메모나 녹음을 하여 반복적으로 익혀야 자기 것이 된다. 시간이 있어서 배우는 게 아니라 배우니까 시간이 생기는 것이라는 것을 명심하라. 성공자의 지혜를 배우려면 말을 줄이고 경청을 열심히 하여야 한다.

4. 실패를 경험하고 두려워하지 않는다

실패는 성공의 징검다리가 된다. 성공은 실패의 끝자리에 있다. 신은 누구에게나 성공의 기회를 주지만 오직 성공의 포장지를 뜯어내는 사람에게 그 성공의 열매를 갖게 해준다. 성공의 포장지는 고난과 역경이다. 큰 성공에는 항상 큰 고난과 역경이 있다. 스키나 스케이트 타는 법을 배울 때, 초보자들은 넘어지는 것을 두려워한다. 그러나 넘어지는 횟수에 비례하여 넘어지는 횟수가 줄어든다. 그 과정을 넘어서면 결국 넘어지지 않고 탈 수 있게 되는 것이다.

바다에서 바람과 파도는 언제나 훌륭한 선장의 편이다. 잔잔한 바다에서는 훌륭한 선장이 나올 수 없다. 가난한 사람은 작은 실패에 포기를 하지만 성공한 사람은 많은 실패에서 교훈을 얻는다. 신은 일어서려고 하는 사람에게만 지팡이를 보여준다. 하늘은 스스로 성공하려고 하는 사람을 도와준다.

에디슨은 1만 번의 실패를 실패라고 인정하지 않고 안 되는 방법 1만 가지를 알아냈다고 했다. 한 미국의 성공자는 집 앞 수돗가에 큰 항아리를 놓아두고 실패할 때마다 컵에 물을 가득 담아 그 항아리에 채웠다. 그 결과 그는 항아리에 물이 다 차기 전에 누구보다 빨리 백만장자가 되었다.

5. 할 일을 메모하고 즉시 실행한다

이 비즈니스에서 수입을 2배로 높일 수 있는 일을 생각나는 대로 적고 그중 할 수 있는 일을 하나하나 바로 실행에 옮긴다. 중요한 것부터 시작하고 할 일을 매일 몇 개씩 추가로 적어 나간다.

매월 말에는 다음 달의 계획을 세우고, 매주 말에는 다음 주의 계획을 세우고, 매일 저녁에는 내일 할 일을 확인하고, 내일 출근할 때 즉시 출근이 가능하도록 취침 전에 미리 준비한다. 예를 들면 내일 입을 옷, 신을 구두, 설명할 자료, 전달할 책이나 제품, 다음에 초대할 미팅 강사의 경력 등 소소한 것까지 하나하나 체크하여 빠짐이 없도록 완벽하게 준비를 해놓고 잠자리에 들도록 하여 성공자의 습관을 만든다.

하고 싶은 일보다는 꼭 해야 할 일을 먼저하고, 그 일이 끝날 때까지 시간과 관심을 최대한 집중한다. 당장 변화가 없다고 포기하지 말고 실패했으면 다시 시도하고 실패의 원인을 찾아라. 날마다 그 일의 진행 상황을 기록하고 목표를 확인하고 나쁜 상황에서도 기대하는 마음을 끝까지 간직하라. 옳다고 생각하는 일을 끝까지 행하면 원하는 목표를 필연코 얻게 될 것이다.

6. 목표를 정한다

꿈에 기간을 정하면 목표가 된다. 목표는 위대한 기적의 힘을 가지고 있다. 미국의 한 대학교 졸업생들을 대상으로 졸업 15년 후를 살펴본 결과, 목표를 갖고 행동하는 3퍼센트 졸업생들의 수입이, 목표 없이 생활하는 97퍼센트 졸업생 수입보다 더 많았다. 목표를 갖는 이유는 목표를 성취하기 위해서라기보다 목표를 통해 매일 생활 습관을 성공적으로 변화시키기 위해서다. 우리는 매일 매 순간 선택의 순간을 맞이한다. 만약 당신에게 강력한 목표가 있다면 매 순간 선택의 기로에서 바로 목표 지향적으로 선택할 것이다. 그 선택의 방향이 목표 방향으로 흘러가고 결국 원하는 목표를 이루게 된다.

아마추어는 다양한 운동을 하지만 프로는 한 가지 운동에 몰입한다. 아마추어는 돈을 지불하며 운동을 하고 프로는 돈을 받으면서 운동을 한다. 나는 한때 모든 일에, 부모님에게 처가에 형제에게 친구에게 직장에 잘하려고 했으나 잘되는 게 하나도 없었다. 왜냐하면 가장 중요한 돈이 항상 부족했기 때문이다. 그러나 회사를 다니면서 부업으로 한 가지를 열심히 잘 했더니 모든 일이 잘 되었다. 부업을 열심히 하여 추가 수입이 생겨서 주위 사람들이 원하는 것을 추가로 해줄 수 있었기 때문이다.

많은 사람들이 목표가 이루어지지 않을까봐 목표 갖기를 두려워한다. 목표를 이루기 위한 수단이 아니라 태도를 바꾸기 위한 수단이 더 중요하다. 성공적인 태도가 습관이 되면 반드시 성공을 이룰 수 있다. 목표에 집중하여 행동하고 매일 꾸준히 반복하라.

7. 리더를 찾는 식견을 키운다

리더는 나이나 학력과 무관하다. 만나는 사람들의 꿈의 크기, 행동력, 성실성, 배우려는 자세, 긍정적 마인드, 자신의 약점을 극복하려는 노력, 목표 지향성 등을 잘 관찰해보면 어느 정도 알 수 있다. 자존감이 높은 사람은 리더다.

리더는 상대방을 이해시킬 때는 질문의 힘을 이용하고, 상대방의 입장에서 중요한 것을 찾아내어 내 입장이 아니라 상대방의 입장에서 말한다. 큰 것을 위해 작은 것을 양보하고 판단은 상대방이 할 수 있게 맡기며 명확하고 힘 있게 유머와 위트를 가지고 스토리를 통해 이해시킨다. 어떤 경우도 언쟁은 하지 않으며 상대가 계속 나에게 호의를 갖도록 마무리를 한다. 언쟁은 그 어떤 경우에도 득이 되지 않는다. 언쟁은 인간관계를 나쁘게 만들 뿐만 아니라 정말 중요한 일이 아니라 지엽적인 일에 대부분 시간을 낭비하게 만든다.

어떤 사람들은 이 비즈니스를 처음 시작할 때 돈 없이 자투리 시간에 쉽게 한번 시도해본다. 그리고 쉽게 포기한다. 많은 사람들이 새해에 다이어트나 운동을 시작하고 그중 많은 사람들이 중간에 포기하는 것과 흡사하다. 왜 그럴까? 특별한 꿈이나 동기가 없거나 진정한 가치나 비전을 알지 못하기 때문일 수도 있다.

리더는 약속을 잘 지키고 열심히 배우고 자신이 할 수 있는 것을 스스로 해내려는 의지와 행동을 보인다. 자영사업가의 자세를 가진 사람이 리더다. 나는 처음 이 비즈니스를 시작할 때 가장 먼저 스스로 세미나에 참석했으며, 자가용이 필요해서 중고차를 구입했고, 사람들에게 회사를 알리기 위해서 회사 소개 책자를 50여 권 사서 사람들에게 빌려주었다. 그리고 제품을 사용하고 그 제품의 특징과 장점을 익혀 사람들에게 시연을 보여주며 설명하고 그 자리에서 제품 주문을 받기도 했다.

초기의 작은 수입 때문에 작은 사업으로 알고 의존적으로 하는 사람들도 있다. 남의 차를 타고 세미나장에 가고 아이를 데리고 강의실에 가는 경우가 종종 있다. 만약 회사에 출근한다면 아이를 데리고 갈 것인가? 아마도 아닐 것이다.

8. 리더를 양성한다

성공을 하려면 꿈을 명확하게 정의하고 그 꿈에 초점을 맞추어야 한다. 리더를 만들기 위해서는 꿈을 명확하게 찾게 하고 그 꿈의 가치에 초점을 맞춰 의지를 갖고 집중해야 한다.

유대인은 학교를 가장 중요하게 지켜왔다. 리더가 이 비즈니스를 열심히 하게 하는 3가지 경우는 수입이 되거나, 팀원이 사업을 같이 하거나 또는 스스로 세미나에 반복적으로 참석하여 사업의 가치나 비전을 정확하게 알 때다.

성공=노력×지식×태도다. 노력과 지식의 범위가 0에서 100까지라면 태도의 범위는 -100에서 +100까지 훨씬 더 넓다. 즉 리더의 태도에 따라 성공의 크기에 큰 폭의 차이가 생긴다. 이 비즈니스를 시작할 때 먼저 사람이 되어야 하는 이유도 여기에 있다. 성공에서 태도가 중요하기 때문이다. 희생, 봉사, 배려, 협동과 상생, 그리고 긍정과 열정 등의 태도가 필요하다. 리더가 되기 위해서는 태도와 습관을 바꿔야 하기 때문에 몇 개월 동안 시스템적으로 이 비즈니스에 필요한 지식과 노하우를 알려주는 프로그램을 운영하는 것이 좋다.

리플리라는 사람이 쓴 《믿거나 말거나》라는 책에 이런 이야기가 나온다. "5달러짜리 쇠 한 덩이로 말편자를 만들면 50달러에 팔 수 있고 바늘을 만들면 5,000달러어치를 팔 수 있고 시계를 만들면 5만 달러 이상의 가치로 팔 수 있다."

누군가의 큰 꿈을 찾아주고 그 꿈을 이루게 도와주는 일, 그 일이 곧 그를 리더로 만드는 것이다. 누군가의 무한한 잠재 능력을 끄집어내어 그 능력을 발휘하도록 반복적으로 그를 리더라고 인정해주는 것이 중요하다. "당신은 리더다. 당신은 스스로 할 수 있는 리더다"라고 말하며 그에게 당신의 노하우를 가르쳐주고, 따라해 보게 하고, 시켜본다.

당신이 다루기 쉬운 사람보다는 당신의 팀에 도움이 되는 사람과 비즈니스를 시작하라. 처음에 같이 시작하는 사람들이 당신의 미래와 당신 그룹에 문화를 만들고 분위기를 만들며 그룹 성장의 바로미터가 될 수 있다. 좋은 품성과 열정 그리고 팀워크를 중시하는 팀의 협력자가 되는 사람에게 당신의 시간과 열정을 나누고 그들을 리더로 양성하라.

9. 소비자를 구축한다

소비자 구축은 이 사업을 성장시키는 기초다. 중간 유통 마진과 광고비를 없애고 공장에서 직접 구매 가능한 가성비 높은 제품을 소개하다 보면 많은 골드 소비자들이 생기게 마련이다. 이 골드 소비자들 중 추가 수입에 관심이 있는 사람에게 이 비즈니스를 전달하면 더욱 효과가 크다. 제품은 본인이 먼저 사용해보고 그 느낌과 특징, 장점 등을 소비자에게 설명하면 된다.

이 사업의 기본 3S는 세일(sale), 서비스(service), 스폰서(sponsor)다. 세일은 제품 전달이고, 그 전달된 제품에 대해 사용 방법이나 가치를 설명하는 것이 서비스이고, 그 가치를 통해서 사업의 비전을 알려서 사업을 함께하도록 후원하는 게 스폰서다.

소비자층을 넓히기 위해 가장 중요한 대상은 기혼, 30대, 미취학 아동을 둔 전업주부라고 한다. 그들은 고학력자로서 개인 성장 욕구를 육아로 포기하고 뭔가를 찾지만 할 만한 부업이 마땅치 않기에 이 네트워크 비즈니스는 그들에게 새로운 꿈과 생동감을 준다.

30대 여성의 경력 단절이 전체 연령대 중 가장 심각한 것으로 나타났다. 임신과 출산, 육아 등이 겹치는 시기인 만큼 경력 단절을 경험하고 있는 30대 여성이 절반이 넘는 것으로 조사되었다. 경력 단절이 가장 많은 연령대는 30~39세로 53.1퍼센트에 달했다.

남녀 간 고용률의 격차 또한 30대가 가장 컸다. 30대 남성의 고용률은 90.9퍼센트 수준이지만 여성은 56.9퍼센트에 그쳐 34.0%p까지 벌어졌다. 통계청은 "자녀가 어릴수록 여성의 고용률은 낮은 경향이 있다"며 "6세 이하 자녀를 둔 여성의 고용률은 43.9퍼센트로 남성 고용률 96.7퍼센트의 절반도 안 되는 수준"이라고 밝혔다.

40대 이후 여성 중에서 본인의 전공으로 수익을 창출하는 사람은 10퍼센트도 되지 않는다는 통계가 있다. 투잡 시대라고 하지만 많은 분야에서 여성들에게 기회가 불평등하게 주어지고 있다. 기혼자는 변수가 많다는 이유로 취업 퇴짜 1순위라고 한다. 자녀 유무 질문에 아이 없다니까 "아이가 생기면 어떻게 할 거냐?" 지금 당장 계획 없다고 하니까 노산 운운하는 경우가 허다하다.

국내 실업자 수가 처음으로 100만 명을 넘어섰다. 특히 청년 실업률이 사상 최고를 기록한 가운데 20대 여성실업률 역시 최고치를 갈아치우고 있다. 20대 여성실업률은 외환 위기와 금융 위기 때보다 더 심각한 상황이다.

한 취업포털이 407개 기업을 대상으로 벌인 설문에서 59.5퍼센트가 "채용시 지원자의 성별을 고려한다"고 답했다. 특히 기업 10곳 중 7곳(69.8%)은 채용에서 남성이 유리할 때가 많다고 응답했다. 기왕이면 여성보다는 남성을 채용하겠다는 얘기다.

한국의 고학력 여성이 결혼을 기피하는 진정한 이유는 결국 '결혼에 따른 경력 단절' 현상에 대한 우려 때문인 것으로 판단된다. 문제는 자녀를 양육한 다음에 복귀하는 일자리가 결혼 전에 비해 훨씬 여건이 좋지 않다는 데 있다. 한국 임금 근로자 중 비정규직 비중은 33퍼센트인데, 여성 근로자의 비정규직 비중은 53퍼센트를 차지한다. 이런 상황에서 고학력 여성들이 결혼을 기피하는 것은 매우 합리적인 선택이라 할 수 있다.

10. 팀과 함께 있을 때 당신의 시간은 자유로워진다

많은 사람들이 한 배를 타고 항해하고 있었다. 한데 한 남자가 칼로 자기 자신이 앉아 있는 자리에 구멍을 뚫기 시작했다. 놀란 사람들이 이유를 묻자 그는 "여기는 내 자리니 내 마음대로 무슨 짓을 해도 그만이다"라고 태연하게 말했다. 얼마 뒤에 배는 바닷속으로 가라앉고 말았다.

한 개의 갈대는 쉽게 부러지지만, 100개의 갈대를 다발로

묶으면 아주 강해진다. 개는 개들만 모아놓으면 서로 싸우지만, 늑대가 나타나면 싸움을 그치고 힘을 합친다. 현 시대의 늑대는 바로 경제적 고난이다. 경제적 늑대에 맞서는 팀워크가 필요하다.

팀을 중심으로 팀에 도움이 되는 사람이 되도록 노력한다. 사람들은 잘되는 팀, 좋은 팀에 속하고 싶어한다. 팀이 잘되면 결국 자기 자신이 잘되기 때문이다. 팀 일에 솔선수범하여 주인의식을 갖고 희생 봉사 정신으로 팀에 도움이 되는 사람이 되어야 한다. 자신이 하는 사업이긴 하나 팀이 같이 하는 사업이기 때문에 나도 팀에 도움이 되어야 한다. 세미나 시간이나 교육 시간에는 항상 먼저 도착하여 필요한 부분들을 점검해놓고 다음에 오는 사람들에게 편안한 분위기를 만들어주어야 한다. 특히 처음 참석한 사람들이 어색하지 않도록 최선을 다해 안내를 잘해준다. 멀리 보고 큰 그림을 볼 줄 알아야 한다.

팀을 떠나는 것은 물고기가 물을 떠나는 것과 같다. 팀의 시너지는 나를 더욱 강건하게 만들어준다. 작은 이익 때문에 팀의 큰 우산을 벗어나지 마라. 빨리 가려거든 혼자 가고 멀리 가려거든 함께 가야 한다. 외나무가 되려거든 혼자 서고 푸른 숲이 되려거든 함께 서야 된다.

모든 세미나를 사업에 도움이 되는 분위기로 만든다. 사업을 할 때는 비즈니스 복장(헤어스타일, 옷차림, 신발, 액세서리 등)을 하고 긍정적 언어와 칭찬의 문화를 만든다. 절대 긍정의 마음을 갖는다. 또한 편견을 갖게 하는 질문들은 하지 말아야 한다. 예를 들면, 나이, 고향, 학벌, 결혼 관계, 사생활, 재산, 그룹 크기 등이다. 팀에서 술 파티, 도박, 돈거래, 외상거래, 공동투자, 이 비즈니스가 아닌 벤처기업이나 개인 사업에 팀원을 동참시키는 것 등을 절대 해서는 안 된다.

지금 내가 이 자리에 있는 것은 결코 나 혼자만의 힘이 아니다. 나와 함께 있는 우리뿐만 아니라, 보이지 않아도 나와 연결되어 있는 공동체의 도움과 영향이 있었기에 이 자리까지 올 수 있었다. 쌀알 하나라도 집으려면 하나의 손가락으로는 불가능하다.

우분투(Ubuntu)는 남아프리카의 반투어에서 유래된 말로 "Ubuntu ngumtu ngabanye abantu"라는 문장에서 나왔다. "우리가 있기에 내가 있다. 내가 있기 전에 우리가 있다(I am because we are. A person is a person through other person)"라는 의미다. 인간은 혼자 살아갈 수 없는 존재라는 뜻으로 아프리카의 전통적 사상이며 평화운동의 사상적 뿌리다. 사람들 간의 관계와 헌신에 중점을 둔 윤리 사상이다.

우분투의 유래는 이렇다. 옛날 어떤 인류학자가 아프리카 한 부족의 아이들에게 게임을 하자고 제안했다. 근처 나무에 아이들이 좋아하는 음식을 매달아놓고 먼저 도착한 아이가 그것을 다 먹을 수 있게 하는 게임이었다. 시작을 알리는 신호가 울리자 아이들은 제각각 뛰어가지 않고 모두 손에 손을 잡고 함께 달리기 시작했다. 아이들은 과일 바구니에 다다르자 모두 함께 둘러앉아서 입 안 가득히 과일을 베어 물고 키득거리며 재미나게 먹었다. 인류학자는 "한 명이 먼저 뛰어가면 다 차지할 수 있는데 왜 함께 갔지?" 하고 물었다. 이 물음에 아이들은 "우분투"라고 함께 외치며, "다른 사람이 모두 슬픈데 어떻게 한 명만 행복해질 수 있나요?"라고 대답했다.

우분투 정신을 갖춘 사람은 마음이 열려 있고 다른 사람을 기꺼이 도우며 다른 사람의 생각을 인정할 줄 안다. 다른 사람이 뛰어나고 유능하다고 해서 위기의식을 느끼지도 않는다. 자신이 더 큰 집단에 속하는 일원일 뿐이며 다른 사람이 굴욕을 당하거나 홀대를 받을 때 자기도 마찬가지로 그런 일을 당하는 것과 같다는 것을 잘 알고 있기 때문이다. 그런 점을 알기에 우분투 정신을 갖춘 사람은 굳건한 자기 확신을 가질 수가 있는 것이다.

흑인 지도자 넬슨 만델라 남아프리카공화국 전 대통령은 이렇게 말했다.

"옛날에 어렸을 때 여행자가 우리 마을에 들르곤 했다. 여행자는 음식이나 물을 달라고 할 필요가 없었다. 들르기만 하면 사람들이 밥상에 음식을 차려주었기 때문이다. 이것이 우분투다. 우분투는 사람들이 자신을 위해 일하지 말라는 게 아니다. 중요한 점은, 여러분 주변의 공동체가 더 나아지게 하기 위해서 그 일을 하느냐다. 이런 것들이 인생에서 가장 중요한 것들이고, 만일 여러분이 그런 일을 한다면, 다른 사람들이 고마워할 아주 중요한 일을 한 것이다."

11. 베푼다

미국에서 성공한 사람이 우리에게 성공의 노하우를 이렇게 이야기했다. "베풀어라. 더 많이 베풀어라. 그것이 곧 성공의 비밀이다(Give a lot, that is the secret of success)."

먼저 마음을 얻으면 사람이 따라온다. 마음을 얻기 위해서는 따뜻한 마음을 나누고 상대방을 우선 배려하여 편한 마음을 만들어주는 것이다. 먼저 손을 내밀고 먼저 인사하라. 따뜻함이 느껴지는 사람들 주위에는 늘 좋은 벗들이 있다. 언제나 그 주변에는 수시로 솔직하게 마음을 나눌 사람들이 있게 마련이다.

존 모래는 미국의 대부호였다. 어느 날 밤, 그는 서재에서 두 개의 촛불을 밝히고 책을 읽고 있었다. 손님이 왔다는 전갈을 받고 읽던 책을 덮어두고 만나기로 했다. 손님은 마을 초등학교 육성회장이었다. 그는 학교 시설 기부금을 얻기 위해 찾아온 것이다.

손님이 들어서자, 존 모래는 책을 읽기 위해 밝혀둔 두 개의 촛불 중 하나를 꺼버렸다. 그것을 본 손님은 낙심했다. '이렇게 촛불 하나까지도 아끼는 구두쇠한테 기부금을 부탁해봤자 헛수고겠구나' 싶어 그냥 돌아가려고 했다. 그러나 기왕 왔으니 말이나 한번 건네 보기로 하고 찾아온 이유를 조심스럽게 전했다.

그랬더니 존 모래는 뜻밖에도 "그 일로 오셨습니까? 대단히 좋은 일 하시고 수고가 많으십니다. 적은 돈이지만 제가 10만 달러를 기부하겠습니다. 유용하게 써주시면 대단히 감사하겠습니다"라고 즉석에서 승낙을 하더니 기부증서를 써주는 것이 아닌가. 손님은 너무도 뜻밖이라 놀라서 할 말을 잃었다. 그러자 존 모래는 이렇게 말했다.

"글을 읽는 데는 촛불이 두 개 필요하지만 이야기를 나누는 데는 촛불 하나면 충분합니다. 그래서 촛불을 하나 껐습니다. 오늘날 제가 이렇게 대부호가 된 것도 이렇듯 사소한 일에도 마음을 써서 절약했기 때문이랍니다."

여기에서 두 가지 교훈을 얻을 수 있다. 하고자 한 말을 상대방에게 일단 해보라는 것, 또 하나는 선입견이나 편견을 갖고 사람을 평가해서는 안 된다는 것이다.

록펠러는 33세에 백만장자가 되었고 43세에 미국 최대 부자가 되었으며 53세에는 세계 최대 갑부가 되었지만 행복하지 않았다. 그는 55세에 불치병으로 1년 이상 살지 못한다는 사형선고를 받았다. 휠체어를 타고 최후 검진을 받기 위해 가던 그는 병원 로비에 걸린 액자를 발견했다. 거기에는 이런 글귀가 적혀 있었다.

"주는 자가 받는 자보다 복되다."

그 글을 보는 순간 마음속에 전율이 일고 눈물이 났다. 선한 기운이 온몸을 감싸는 가운데 그는 눈을 지그시 감고 생각에 잠겼다.

잠시 뒤 시끄러운 소리에 정신을 차려보니 입원비 문제로 다투는 소리였다. 병원 측은 병원비가 없어 입원이 안 된다고 하고 환자 어머니는 입원시켜 달라고 울면서 사정을 하고 있었다. 록펠러는 곧 비서를 시켜 그 환자의 병원비를 지불하고 누가 지불했는지 모르게 했다. 얼마 후 은밀히 도운 소녀가 기적적으로 회복이 되자 그 모습을 조용히 지켜보면서 얼마나 기뻤는지, 록펠러는 나중에는 자서전에서 그 순간을 이렇게 표현했다.

"저는 살면서 이렇게 행복한 삶이 있는지 몰랐습니다. 그때 저는 나눔의 삶을 작정했습니다."

그와 동시에 신기하게 그의 병도 사라졌다. 그 뒤 그는 98세까지 살며 선한 일에 힘썼다. 나중에 그는 회고했다.

"인생 전반기 55년은 쫓기며 살았지만 후반기 43년은 행복하게 살았다. 신에게서 돈을 버는 재능을 부여받았기 때문에 더 많은 돈을 주위 사람들에게 베풀어야 한다."

12. 절대긍정으로 끝까지 도전한다

토끼의 끈기

약국에 가서 물었다.
"당근 있어요?"
약사가 없다고 하자, 그 다음 날 또 가서 물었다. 몇 번을 반복하자 약사는 화가 나서 말했다.
"한 번만 더 귀찮게 물어보면 가위로 귀 잘라 버린다!"
다음 날 토끼가 또 약국을 찾아가
"아저씨, 가위 있어요?"
약사가 없다고 하자, 토끼는 다시 "당근 있어요?" 라고 물었다.

"성공은 타고난 재능보다 열정과 끈기에 달려 있다."

잘하는 것은 빨리 하는 것이 아니라 끝까지 하는 것이다. 성공의 길은 하나지만 실패의 길은 여러 가지 평계로 나누어져 있다. 우주는 당신의 말을 존중한다. 당신이 되고자 하는 말을 평소에 하라. 만약 당신이 "아이고, 죽겠다"라고 무의식적으로 말을 했다면, 우주는 그 말을 당신의 진심으로 받아들이고 죽을 맛이 무엇인지 알려줄 것이다. 당신이 소원을 간절히 소망하면 그 소망이 꼭 이루어질 것이다.

당신이 늘 웃고 행복하다고 할수록 당신의 주위는 행복해지고 당신의 사업은 더욱 번창할 것이다. 미소는 그 사람의 향기다. 미소 짓고 인사하고 대화하고 칭찬하는 것을 습관적으로 행하면 당신은 이 사업에서 크게 성공할 수 있다.

노력하는 사람은 즐기는 사람을 이기지 못하고, 즐기는 사람은 미친 사람을 이기지 못한다고 한다. 대부분의 성공한 사람들은 일을 한 것이 아니라 그 일을 즐겼다. 10마일을 억지로 간다면 힘이 들고 몸이 피곤하겠지만 주말에 산책을 한다고 생각하고 간다면 심신이 힐링될 것이다.

책읽기를 좋아하는 아이에게 책 10권을 읽으라고 하면 그 아이는 하루 종일 그 책들을 읽을 것이다. 그러나 축구를 좋아하고 책읽기를 싫어하는 아이에게 책 10권을 읽으라고 하면 그 아이는 괴롭고 힘이 들 것이다. 같은 일이지만 즐거운 마음으로 할 때 더 좋은 결과가 얻어진다.

이 사업도 마찬가지다. 나이가 들수록 대화 상대가 필요하고 일이 필요하고 수입이 필요해진다. 그런데 이 사업은 많은 새로운 친구들을 만나고 대화를 하고 매일 일이 있고 그에 상응하는 수입이 생겨 노후를 경제적으로 여유롭게 지낼 수 있는 일이다. 즐겁고 행복한 일 아닌가? 누구를 도와 그 사람의 인생이 유복해지고 그 가정이 화목해지며 자녀들에게 더 많은 교육 혜택과 여행과 기회를 주게 된다면 아이들도 부모의 마음도 서로 행복할 것이다.

이 사업의 특징은 회사에 대한 이미지나 상황이 나빠지면 모든 회원들이 동시에 마음의 동요를 일으킨다는 점이다. 나도 마찬가지였다. 그러나 사람들의 마음이 동요할 때 확신을 갖고 앞으로 전진하는 사람은 이 혼돈의 기간에 멀리 앞서가게 되어 있다. 가끔 뉴스나 TV에서 정확한 내용보다는 개념적인 가십을 기사화하는 경우가 많다. 이때 그 진실성을 잘 파악하고 진실에 대응하면 분명히 성공할 수 있다.

한번은 잘못된 기사 때문에 믿음이 약한 많은 회원들이 사라졌다. 이때 나는 신념을 갖고 그 자리를 지켰다. 즉 한강에서 물놀이를 하며 놀고 있는데 강 상류에서 큰 홍수가 나 갑자기 많은 물이 내려올 때 나는 한강 다리 기둥을 잡고 그 자리를 지킨 반면 주위에서 다리를 잡지 못한 사람들이 떠내려가 내가 갑자기 앞에 서게 된 상황과 같았다. 나는 앞에 서고 싶어서가 아니라 내 믿음 덕분에 그 자리를 지켰고, 그 자리를 지켜서 앞으로 나아가게 되었다.

감정도 돈이다. 감정을 아껴라. 평정심을 잃고 감정적으로 사람을 대한다면 당신은 크게 성공하기 힘들 것이다. 포커페이스를 훈련하고 실천한다면 더 많은 응원자를 얻게 될 것이다.

중국을 통일하고 유럽까지 정복한 칭기즈칸은 사냥을 하러

갈 때 매를 데리고 다녔다. 그는 매를 사랑하여 마치 친구처럼 먹이를 주며 길렀다.

하루는 사냥을 마치고 왕궁으로 돌아오는 길이었다. 그는 손에 들고 있던 매를 공중으로 날려 보내고 자신은 목이 말라 물을 찾았다. 가뭄으로 개울물은 말랐으나 바위틈에서 똑똑 떨어지는 샘물을 발견할 수 있었다. 바위틈에서 떨어지는 물을 잔에 받아 마시려고 하는 찰나 난데없이 바람소리를 내며 자신의 매가 날아와 잔을 땅에 떨어뜨렸다. 물을 마시려고 할 때마다 여러 번 매가 방해하자 칭기즈칸은 몹시 화가 났다.

"아무리 미물이라도 주인의 은혜를 모르고 이렇게 무례할 수가 있단 말인가?"라고 말하면서 한쪽 손에 칼을 빼어 들고 다른 손으로 잔을 들어 물을 받았다. 잔에 물이 차서 입에 대자 다시 바람소리와 함께 매가 손을 치려고 내려왔다. 칭기즈칸은 칼로 매를 내리쳤다. 그는 죽은 매를 비키면서 우연히 바위 위를 쳐다보았다. 샘물 안에 죽은 독사의 시체가 있었다. 그는 자기가 화를 내서 그만 매를 죽인 것에 대해 크게 후회했다. 화를 내는 것은 자칫 일을 그르칠 수 있다.

리더를 찾아내고 도와서 성공을 이루려면 내 그릇이 커야 한다. 큰 물고기는 반항하는 힘도 세다. 약하고 자존감도 없이 말만 잘 듣는 사람들과 사업을 하고 싶다면 큰 물고기는 멀리 보내는 게 좋다. 큰 물고기가 오게 하려면 웅덩이를 깊게 파라고 했다. 큰 사업으로 키우고 싶다면 반항심 강하고 힘이 센 큰 물고기도 지혜롭게 품어야 한다.

성공자의 마음은 바다같이 넓어야 한다. 바다란 '다 받아준다' 라는 뜻이라고 한다. 바다는 시냇물도, 강물도, 빗물도, 오물도, 흙탕물도 다 받아서 온 세상의 오물과 흙탕물을 새롭게 정화된 물로 만들어놓는다. 만약 오물이나 썩은 물을 방치해놓으면 그 주위에 맑은 물도 같이 썩는다. 큰 성공의 기본은 이와 같이 모든 상황을 받아주고 정화시켜 한 팀이 되게 하고 상생하여 모두 크게 성공하게 팀을 하나로 뭉치게 하는 능력이다.

13. 네트워크 비즈니스에서 성공한 사람들의 책을 통해 성공 노하우를 배운다

하루는 수업이 시작되자 선생님이 큰 가방에 레고를 가득 담아 교실에 들어 왔다. 그리고 학생들에게 레고를 나누어주었다.

"자, 오늘은 자동차를 만들어보자."

학생들은 레고로 자동차를 만들기 시작했다. 누구나 알고 있는 멋진 자동차를 만드는 학생도 있고, 창의적인 아이디어로 새로운 자동차를 만드는 학생도 있었다. 2시간이 지나고 선생님은 스포츠카를 만든 학생에게 '불합격', 리무진을 만든 학생에게 '불합격', 그리고 창의적인 자동차를 만든 학생들 모두에게도 '불합격'을 주었다. 이유는 선생님이 원하는 자동차를 누구도 만들지 않았다는 것이었다. 학생이 "선생님이 원하는 자동차를 어떻게 알 수 있단 말입니까?"라고 질문했다. 그러자 선생님은 "2시간 내내 단 한 사람도 내가 원하는 자동차가 무엇인지를 묻지 않았다"라고 대답했다.

네트워크 비즈니스의 리더십이나 성공 방식은 일반 사회의 리더십이나 성공 방식과 반대다. 하나는 남을 성공시키는 방식이고 하나는 남을 이기는 방식이기 때문이다. 남을 성공시키는 방식의 책을 10권 정도 정독하고 남을 이기는 방식의 책들은 버리기 바란다. 이 사업의 성공에 방해가 되기 때문이다.

S대를 나와 사회의 엘리트층에 속한 전문직에 종사한 지인은 이 비즈니스를 시작할 때 나를 경쟁의 대상으로 생각하고 나를 이기려고 다짐했다. 결과적으로 그는 결국 이 비즈니스에서 사라졌다. 경쟁심을 갖고 임했기 때문이다. 남을 배려하고 남을 성공시키고 그 후에 본인이 성공하는 새로운 법칙을 배우고 이

해를 했어야 했다. 그러나 그는 자기 자신의 결과에 너무 집착했기 때문에 이 비즈니스에서 성공할 수 없었다.

책을 선택할 때 전문적인 작가의 책이나 이 비즈니스를 시작한 초보자로 성공도 못해 본 사람이 쓴 책을 읽고 감동을 받았다면 그것은 아마도 과거의 성공 방식에 기준을 둔 책일 확률이 높다. 이런 책은 이 비즈니스에서 당신의 성공을 후퇴시킬 수 있다.

어떤 유명한 외부 강사가 말하기를, 성공에는 두 축이 있는데 하나는 '유능'이고 하나는 '성실'이라고 했다. 유능한 재능을 키우기 위해 매일 새벽 1시까지 책을 보고 4시간만 잠을 자고 새벽 5시에 일어나 1시간 운동을 하고 7시에 출근하는 일을 18년간 해서 억대 연봉자가 되었다고 했다.

이런 방식은 일반적인 성공 방식이다. 이것을 따라 하려고 하는 네트워크 비즈니스 리더들이 많이 있었다. 그러나 나는 이 이론이 네트워크 비즈니스에 맞지 않다고 생각했다. 왜냐하면 네트워크 비즈니스는 누구나 다 할 수 있는 보편적이고 단순한 방법이어야 한다. 누구나 하기 쉬운 방법이 복제하기 쉽기 때문이다.

또 한 번은 유명한 존 맥스웰의 5단계 리더십을 공부하게 되었다. 존이 주장한 리더십의 1단계는 '지위', 2단계는 '관계', 3단계는 '결과', 4단계는 '복제', 마지막 5단계는 '인품'이라고 했다. 즉 사회의 리더십은 사람들이 맨 처음에는 그 사람의 사회적인 지위를 보고 따라온다는 것이다. 즉 지위로 사람을 모으는 리더십을 말하는 것이다. 그러나 나는 네트워크 비즈니스의 리더십은 직위가 없기 때문에 처음부터 인성으로 사람들을 이끈다고 생각한다. 따라서 네트워크 비즈니스의 리더십 5단계는 맥스웰과 정반대가 되는 것이다.

이 사업에서 성공한 나는 그동안 성공 노하우를 《드림빌더》와 《아바타 수입》이라는 책에 고스란히 수록해놓았다. 이 책들은 내가 20년 이상 이 비즈니스를 성공적으로 이끌면서 배워온 노하우에 기초를 두고 쓴 책이다. 내가 말하고자 하는 이 비즈니스의 핵심을 이해하는 책으로 추천한다. 이 비즈니스의 성공 방식은 일반 성공 방식과 다르다. 일반 성공 방식의 책에서 배울 수 없는 노하우를 이 책에서 배울 수 있다. 이 책들의 노하우로 당신의 사업을 크게 성공적으로 이룰 수 있다.

14. 시간의 가성비를 높여라

한번 가면 다시 돌아오지 않는 것은 화살만이 아니다. 당신의 청춘도 마찬가지다. 물질을 너무 많이 소유하면 젊은 시절을 물질에 빼앗겨버린다. 핸드폰, 오토바이, 스포츠카, 게임 프로그램 등을 소유하면 이것들을 사용하기 위해서 그것들과 함께 시간을 보내야만 한다. 그 결과 삶의 지혜를 쌓는 시간이 단축된다.

일반적인 꿈은 좋은 학교를 나와 일류기업에 취직해서 멋진 가정을 꾸리고 좋은 집에서 안락한 생활을 하는 것이다. 틀에 박힌 생활을 하다보면 모험을 할 수 없고 인간 성숙의 기회를 놓치게 된다. 명문대학을 들어갈 때는 필사적으로 노력을 하지만, 학교를 입학하고 나면 간판을 땄다는 안도감에 적당히 시간을 보내기 십상이다. 그러나 자신이 뛰어들 사회에서 성공하고 싶다면 더 많은 노력과 강한 의지력이 필요하며 시간을 생산적이고 미래에 쌓이게 써야 한다.

보통 "시간은 돈이다(Time is Money)"라고 한다. 시간을 돈의 가치에 비교한 것이다. 그러나 시간은 돈보다 더 소중하다. 시간과 돈은 비슷한 것처럼 보이지만 많은 점에서 다르다. 돈은 저축할 수 있으나 시간은 저축할 수 없고, 한번 잃어버린 시간은 되돌릴 수 없으며, 다른 사람의 시간을 빌릴 수도 없다. 또한 앞으로 얼마나 남았는지조차 알 수 없는 것이 시간이다. 시간은 살아 있는 생명이며 순간순간 죽일 수도 살릴 수도 있다.

네트워크 비즈니스에서 시간의 가성비를 높이는 방법은 장사를 하는 것이 아니라 사업을 하는 것이다. 장사는 매번 나의 시간과 노력이 필요하다. 그러나 사업은 시스템을 구축하여 놓으면 나의 시간과 무관하게 일이 진행된다.

예를 들면, 소비자가 제품을 5개 주문해서 가져다주는 것은 장사다. 그러나 소비자가 나의 회원이 되어 스스로 제품 5개를 주문했다면 이것은 사업이다. 장사는 나의 시간이 투자되어 이익으로 보여지고, 사업은 회원의 시간이 투자되어 회원의 이익으로 보여진다. 이와 같이 시스템을 구축해서 사업을 키우는 것을 복제시킨다고 한다.

복제의 기본은 상대방에게 이 사업이 누구나 할 수 있는 단순하면서도 즐겁고 또한 혜택이 따르는 사업이라는 알리는 것이다. 회원이 늘어나고 소비되는 제품이 늘어나야 사업이 성장한다. 따라서 나보다 먼저 성공한 성공자의 노하우를 100% 복제하고 따라하여 반복적으로 실행하는 것이 시간의 가성비를 높이는 이 사업의 성공 노하우다.

장사는 돈을 벌게 해주지만 시간의 노예로 만든다. 그러나 사업은 돈을 벌게 해주고 넉넉한 시간을 만들어주며 시간의 주인이 되게 해준다. 누구나 돈도 많고 시간도 많은, 시간적 자유와 경제적 자유를 동시에 얻기를 원한다. 맥도날드는 햄버거를 파는 회사다. 그런데 맥도날드 본사 사장은 햄버거를 팔지 않는다. 햄버거를 잘 파는 노하우를 팔아 부자가 되었다. 네트워크 비즈니스도 이와 같이 성공의 노하우를 많은 사람들에게 공유시켜 그들 모두 부자가 되도록 도와주는 비즈니스다. 그 결과 맥도날드 본사 사장과 같이 당신은 여유로우면서도 풍요로운 삶의 주인공이 될 수 있다.

15. 사건이 아니라 올바른 반응을 배운다

스티븐 코비는 10대 90의 원칙을 이야기했다. 인생의 10%는 사건들이고 나머지 90%는 일어나는 사건에 대한 반응들로 이루어진다. 인생에서 일어나는 10%는 나의 의지로 통제가 불가능하다. 즉, 자동차 고장이나 비행기 연착이나 추운 날씨나 더운 날씨 등은 내가 어떻게 해도 내 맘대로 할 수 없다. 그러나 10% 사건에 대한 반응 90%는 통제가 가능하다. 인생의 성공은 바로 10%의 사건이 아니라 90%의 반응에서 좌우된다고 한다.

예를 들면 아침 식사 중에 딸이 잘못하여 당신 정장에 커피를 쏟았다고 하자. 이 때 당신이 딸의 부주의에 화를 내고, 아내에게는 컵을 테이블 끝에 두었다고 비난을 한다. 그리고 옷을 갈아입고 나오면, 딸은 우느라 아침도 못 먹고 통학 버스도 놓치게 된다. 서둘러 차로 딸을 학교에 데려다주다가 늦어서 속도위반으로 벌금을 내고, 당신은 회사에도 지각을 하게 된다. 회사에 도착해서야 집에 서류가방을 놓고 온 것을 알게 된다. 저녁에 집에 오니 딸은 자기 방에서 나오지도 않고 인사도 안 한다. 하루가 진행될수록 상황은 더욱 악화가 된다.

나쁜 하루를 보내게 된 이유는 무엇인가?

1. 커피
2. 딸
3. 경찰관
4. 당신

답은 4번이다.

커피가 쏟아진 후 5초간의 반응이 하루를 엉망으로 만든 것이다. 다른 반응을 했다면, 울려는 딸에게 다정하게 "괜찮아, 다음부터 조심하면 돼"라고 하고 옷을 갈아입은 뒤 서류가방을 들고 나온다. 딸은 아침을 먹고 통학버스에 오른다. 딸이 뒤돌아보더니 손을 흔든다. 5분 일찍 회사에 도착하여 오전 스케줄을 체크한다. 저녁에 집에 돌아오면 딸이 밝게 웃어준다. 하루가 즐겁고 행복하다.

만약 누군가 부정적인 말을 하면 가볍게 듣고 기억에 두지 않는다. 잘못된 반응은 친구를 멀어지게 할 수도 있다. 운전 중에 끼어들면 역지사지로 바쁜가보다 생각하면 된다. 혈압을 올린다고 끼어든 사람이 알아주지 않는다. 해고를 당하면 잠을 설치고 괴로워하는 대신 그 에너지를 새로운 직장을 찾는 데 사용한다. 비행기가 연착되면 그 시간에 핸드폰을 정리한다든지 책을 보며 유익한 시간을 보낸다. 날씨가 추운 것은 불평할 일이 아니다. 옷을 두껍게 입으면 된다. 네트워크 비즈니스는 인간관계 비즈니스다. 많은 사건들이 앞에 놓이게 된다. 그때 반응을 플러스로 하게 되면 평생 수입인 우분투 수입이 쌓이게 된다.

16. 올바른 투자를 배운다

힘들고 어려울 때 미래를 준비하기는 어렵다. 그러나 현재의 경제적 여건에서 약간의 시간과 돈을 미래에 투자하고 올바르게 준비한다면 그 결과 안정적인 미래를 맞이할 것이다. 투자는 눈에 보이지 않지만 숨어 있는 가치를 알아보는 것이다.

알래스카는 북쪽은 북극해, 남쪽은 태평양에 면하고 서쪽은 베링해협을 사이에 두고 있다. 이 지역은 일명 동토로 알려진, 사람이 거의 살 수 없는 얼음으로 뒤덮인 쓸모없는 땅이었다. 1867년 미국의 국무장관이었던 윌리엄 수어드(William Henry Seward)가 러시아 정부로부터 눈과 얼음으로 뒤덮인 알래스카를 720만 달러에 구입하였다. 3,025평(1 헥타르)당 55원(5센트)으로 환산해서 계산한 것이다. 이 거래를 당시 미국인들은 가장 어리석은 거래라고 생각해서 이를 '수어드의 어리석은 행위(Seward Folly)'라고 불렀다.

그러나 이후 알래스카 땅에서 금광과 유전(미국 전체 생산량의 25%), 천연가스 등이 발견되었다. 또한 산림자원과 더불어 수산자원도 풍부했다. 그 결과 현재는 미국에 엄청난 부를 안겨주고 있다. 특히 제2차 세계대전 이후 급속한 전략상 방위기지화로 소련과 미국 사이의 군사적 요충지대다. 만약 알래스카가 소련 땅이었다면 아마도 수많은 로켓포가 미국의 심장을 겨냥하게 되었을 것이다. 알래스카는 1959년에 미국에 49번째 주로 편입되었다.

눈과 얼음으로 덮여 있는 땅 밑에 그 누구도 알지 못했던 엄청난 가치가 숨어 있었던 것이다. 대부분의 미국인들은 그 가치를 알지 못했다. 그러나 오직 한 사람, 국무장관 수어드만이 미래의 가치를 알고 있었다.

네트워크 비즈니스도 마찬가지다. 겉으로 보기에 눈과 얼음으로 덮인 동토로 보일 수 있다. 그러나 당신이 지속적으로 네트워크 비즈니스를 배우고 성장시켜 나간다면 언젠가는 그 동토 밑에서 금맥과 유전을 발견하게 될 것이다. 그때까지는 투자인 것이다.

17. 성공한 사람들이 말하는 네트워크 비즈니스의 의미를 반추해본다

만약 당신의 꿈이 아주 크고 다른 사람들의 꿈을 이루도록 돕는 일을 사랑한다면, 이 네트워크 비즈니스는 당신에게 완벽한 사업이다. 처음에는 부업으로 시작하고 당신의 사업이 성장되면 그 후에 다른 사람들이 부업으로 이 사업을 시작하도록 도와줄 수 있다. 이 사업의 큰 가치는 다른 사람들이 그들의 꿈을 이룰 수 있도록 도와주는 것에 있다.

- 로버트 기요사키

If you are a person with big dreams and would love to support others in achieving their big dreams, then the network business is definitely a business for you. You can start your business part-time at first and then as your business grows, you can help other people start their part-time business. This is a value worth having a business and people who help others make their dreams come true.

- Robert T. Kiyosaki

네트워크 비즈니스는 지인판매에 기본을 두고 있다. 지인판매는 요즘 최고의 판매 방향이다. 큰 회사든 작은 회사든 이제는 지인을 통한 제품 판매가 대세라는 것을 다 알고 있다. 제품 구매자들에게 가장 중요한 요소는 믿음이기 때문이다.

- 브라이언 트레이시

Network business is based purely on relationship selling, which is the state of the art in selling today. Small and large companies throughout the country and the world are realizing that individuals selling to their friends and associates is the future of sales, because the critical element in buying is trust.

- Brian Tracy

데이비드 레터맨 : 만약 당신이 모든 것을 잃고 상처투성이로 다시 시작한다면 무엇을 할 것인가?

도널드 트럼프 : (망설임 없이) 나는 좋은 네트워크 마케팅을 찾아 그 일을 할 것이다.

청중 : (소란스럽게 야유한다)

도널드 트럼트 : 그것이 내가 이 높은 곳에 앉아 있는 이유이고, 당신들 모두가 그 낮은 곳에 앉아 있는 이유다.

David Letterman: What would do if you lost everything and had to start over from scratch?

Donald Trump: (without hesitation) I would find a good network marketing company and get to work.

Audience:(Shouting and booing)

Donald Trump: That's why I'm sitting up here and you are all sitting out there.

우리가 다른 사람들의 꿈이 이루어지도록 도와주지 않으면 우리의 미래는 없다.

We cannot build our own future without helping others to build theirs.

미국 최고의 투자가 워런 버핏은 3개의 네트워크 비즈니스회사에 투자를 했으며, 그는 그 투자를 그동안 해왔던 어느 투자보다 더 좋다고 이야기했다.

The 3 network business companies owned by Warren Buffett. In his words, "The best investment I've ever made."

만약 내가 다시 처음부터 모든 것을 시작한다면 나는 네트워크 비즈니스를 선택할 것이다.

If I would be given a chance to start all over again, I would choose Network Business.

- Bill Gates

다른 사람들이 원하는 것을 그들이 갖도록 당신이 충분히 도와준다면 당신 인생에서 원하는 모든 것을 갖게 될 것이다.

- 지그 지글러

You can get everything in life you want if you will just help enough other people get what they want.

- Zig Ziglar

큰 성공에는 가장 중요한 2가지가 요구된다. 하나는 올바른 시간에 올바른 장소에 있는 것이고, 또 하나는 그것을 하는 것이다.

- 레이 크록

The two most important requirements for major success are : first, being in the right place at the right time, and second, doing something about it.

- Ray Croc

네트워크 비즈니스는
아인슈타인의 상대성 원리와 같다

아인슈타인은 상대성 원리를 두고 "만약 내 이론이 옳다고 인정되면 독일인은 나를 독일인이라고 할 것이고, 내 이론이 인정받지 못하면 나를 유태인이라고 말할 것이다"라고 했다. 좋은 결과가 나오면 내 편, 나쁜 결과가 나오면 남의 편이 되는 것이 상대성 원리다.

처음으로 초대되어 회사와 제품 소개 그리고 회원 혜택과 비즈니스 비전 등을 다 확인하고 좋다는 결론을 내린 사람이, 마지막으로 "그런데 제 성격이나 성향에 맞을지를 좀 더 알아본 후에 결정하겠습니다"라고 했다. 이때 나는 그분에게 이렇게 말했다.

"네트워크 비즈니스는 내 성격이나 성향에 맞아서 성공되는 게 아니라, 나와 같이 하는 다른 사람들이 성공해야 성공되는 비즈니스입니다. 나의 성격이나 성향에 맞지 않아도, 이 비즈니스가 성격이나 성향에 맞는 지인에게 이 정보를 전달하고 배우도록 안내만 해주면 됩니다. 저도 세일이나 사람들을 이용하는 것이었다면 안 했을 것입니다. 즉 올바른 정보를 이해하고 지인에게 전달하는 것이 곧 이 사업의 핵심입니다."

이 사업은 축구 경기에서 감독이 알려준 작전에 맞춰 선수들이 팀워크를 갖고 열심히 잘했을 때 좋은 결과가 나오는 것과 같다. 그러나 순간순간 상황에 맞게 상대방을 이기고 승리의 결과를 내는 주역은 감독이 아니라 경기장에서 직접 뛰는 선수들이다. 이 비즈니스는 회원들의 능력을 높여주고 인정해주며 함께 하는 비즈니스다. 그리고 즐겁고 재미있게 남의 성공을 진심으로 축하해주는 밝은 기운이 넘치는 윈윈 비즈니스다.

이제 정상은 당신의 것이다. 일반적인 성공은 정상이 하나다. 사장, 교장, 대통령, 대장 등 하나의 자리를 두고 그 자리에 도달하기 위해 모두 다 노력을 한다. 이루어도 언젠가는 그 자리를 후임자에게 물려줘야 하는 것이 일반적인 정상이다. 그러나 네트워크 비즈니스는 정상이 넓고 평평하다.

즉 하나가 아니라 원하고 노력하는 사람은 누구나 그 정상에
도달할 수 있다. 그리고 후임자에게 그 자리를 물려주는 것이
아니라 같이 공유한다. 정상에는 당신을 위한 빈자리가 당신이
와서 앉기를 기다리고 있다.

"See You at The Top"

공학박사 김종규

hi777888@naver.com

우분투 수입

초판 1쇄 인쇄 2017년 06월 30일 **3쇄** 발행 2018년 11월 28일
2쇄 발행 2017년 08월 31일

지은이 김종규
발행인 이용길
발행처 **모아북스**
MOABOOKS

관리 양성인
디자인 이룸

출판등록번호 제 10-1857호
등록일자 1999. 11. 15
등록된 곳 경기도 고양시 일산동구 호수로(백석동) 358-25 동문타워 2차 519호
대표 전화 0505-627-9784
팩스 031-902-5236
홈페이지 www.moabooks.com
이메일 moabooks@hanmail.net
ISBN 979-11-5849-050-8 03320